悪名の論理

田沼意次の生涯

江上照彦

目次

本書は中公新書（一九六九年四月刊）を復刻したものです。

悪名の論理

序章　不評の条件

世紀最大の嘘つき

一昨年の夏から秋へかけてヨーロッパへでかけたおりに、私はウィーンに十日ほども滞在した。というのも、かねて例のウィーン会議の立役者メッテルニヒに興味があり、彼についていくらか調べたり書いたりしていたので、ひとつゆっくりと彼のゆかりの地に腰を落ちつけて、未知の事実なぞ探ってみたい肚があったからである。

ウィーンという都市自体のたたずまいが懐古的であると同時に、ウィーン人もまた古典的人物の記念にはずいぶん心をくばっているようで、由緒のある家屋にはかならず標識の旗がでており、それぞれに番号がふってあって、案内書と照し合せると、そこが、たとえばモーツァルトやシューベルトやベートーベン、あるいはアルトゥール・シュニツラーの、いつからいつまでの住家だったなど、ちゃんとわかるようになっている。芸術家だけが重んじられているのではなくて、トルコ軍を撃退したプリンツ・オイゲンやマリア・テレジア女帝、フランツ・ヨセフ一世、それからナポレオンに痛打をあびせたシュワルツェンベルグ公らの肖像画や銅像など、それこそふんだんにある。それなのに、メッテルニヒに関するそれ式のものは、市内はもとよりハプスブルグ家の宝物館や美術館のどこにも見あたらなかった。

これはふしぎだ、と私は頭をひねった。ナポレオンをうまいぐあいにあやつって、ついに敗北に追いこみ、自ら主宰したウィーン会議でオーストリアをヨーロッパのかなめにし、以後ほぼ四十年もの平和をもたらしたほどの大政治家メッテルニヒの記念物が、ここウィーンに露塵ばかりも見えないのが私は腑に落ちなかった。

それで、当時オーストリア駐劄《ちゆうさつ》の法眼大使におたずねしたところ、「しかし、いまイタリー大使の公邸になっているのが、むかしメッテルニヒが住んでいた屋敷ですよ」と教えられた。どうもウィーンでは、これが唯一の彼の旧跡らしい。たまたまそこでパーティが催されるのをさいわいに、大使のご好意で、令嬢に案内いただいて出席した。なるほど、メッテルニヒ・ガッセ（小路）というのがあり、それと大通りが交わるところに、その宏壮な邸宅があった。

広間の大きさ、きらびやかさは驚くばかりで、いくつかの巨大なシャンデリアは光まばゆく、磨かれた床《ゆか》の鏡みたいなのに、歩を運び集《つど》い笑いさんざめく麗人たちは、まるで天女の群れが舞いおりたようである。帝政のころの宴《うたげ》をいまに見る心地さえしたが、しかし、庭にも廊下にも壁にも、かつてのこの館のあるじメッテルニヒ公爵をしのぶよすがはなにもなかった。

つまり、彼にはぜんぜん国民的人気がないということだろうか。ホテルのメードやタキシーの運転手らは彼の存在を知らないし、たまたま知っていれば眉をひそめ肩をすぼめて、「好かない奴」といった恰好をする。かつて、ナポレオンはメッテルニヒを「世紀最大の嘘つき」と呼び、論客シールズフィールドは「ヨーロッパ随一の嫌われ者」と評し、一度はその愛人だったこともあるリーフェン公爵夫人さえもが「世にもまれな偽善者」と罵しったのだが、なるほど、現代ウィーンで私が知ったのは、いまもって彼が国民から総スカンを食っているということだった。

東西の嫌われ者

そのメッテルニヒから、私は幾度も田沼意次を連想した。嫌われかたが、よく似ているからである。徳川の為政者ちゅう、世間から彼ほど口穢く罵倒され、あげくは汚辱の淵に蹴落されて、深く沈淪している者はない。彼に対する古今の人物評は、「聚斂《しゅうれん》奸曲の人なり……臭名万世に伝へて、子孫の面を掩んこそ薄情《うたて》けれ」（『翁草』）とか、「当年一世の人阿諛諂佞《あゆてんねい》の風なりし」（『甲子夜話』）とかいうようなのから、「田沼は実に虎の威を藉る狐であり…… 大山師であり…… 賄賂は彼の政治の生命であり……ただ功利一遍の動物であり……むしろ世の濁流に游ぐ怪魚だった」（徳富蘇峰『近世日本国民史』）などにいたるまで、まことに峻烈苛酷をきわめている。

「田沼意次について知っていることを書きなさい」というような問題が、大学の入学試験にもよくでているようだが、たぶん、この種の酷評を書かないでは合格点はとれそうもない。彼とメッテルニヒと、悪名ぶりではどっちもどっちということか。

両者の時代は意次が約半世紀ほどもメッテルニヒよりさきの生れ、ともに宰相とは言っても、こちらは微禄からの成り上り者であり門を鎖した島国内のこと、あちらは生れながらの大貴族でヨーロッパの国際社会が舞台である。意次は進歩主義のゆえに、メッテルニヒは保守主義のゆえに、世の激しい非難をあびる。どちらも美男で女性にもてることとひとどおりでないが、意次が案外謹厳なのにくらべて彼は名だたる女たらしである、など、異同はまちまちである。

しかし、両者に共通するのは、ひどく現実的でありながらいくらか夢想家らしくもあり、意志と心情が強靱なわりに、移り気なオポチュニストであり、うわべの温かさにかかわらず真底は冷えており、謙虚な態度がじつは打算の産物にほかならないマキャヴェリアンというふうなところ、つまり政治的性格の特徴である。

こんな傾向のもっといちじるしいのが、やはりナポレオン時代のフランス外相のタレーランや警察長官のフーシェらで、二人とも理論も道徳もおかまいなしの実際家であり、権謀術数にたけた冷血漢であり、ときには敵とつうじて皇帝ナポレオン転覆の陰謀さえめぐらしたのだが、ナポレオン自身がそれを知りながら、どうにも手離せなかったほど切れ者の政治家たちだ。なかでも、革命から帝政、王政へかけての政治的奔流をみごと泳ぎぬいたフーシェの、なんとも風変りで変幻自在な天才的性格、というよりむしろ無性格が、逆に政治という端倪すべからざるものの人格的表現のように見えておもしろい。

さて、以上の人物はみんな悪名をもって天下に鳴っている。意次を除くのはもちろんとして、いずれもナポレオンに刃向ったり、足を引っぱって没落を早めたりした連中だ。しかし、こうも言える。ナポレオンがヨーロッパ諸国の土を幾百万人もの血で赤く染めた鬼神《デーモン》だったのに対して、彼らの信条は平和主義で、戦争の回避に懸命だったおかげで、より以上の流血を食いとめることができたのだと。しかし、早くもエルバ島流謫《りゅうたく》のころから、いわゆるナポレオン伝説なるものが生れ、死後ますます彼の人気は高まるばかりで、次第に国民的偶像と化してゆくかたわら、フーシェ、タレーラン、メッテルニヒらの評判はひどく悪くなるばかりである。不合理だと言っても、民衆の心の自然な動きがそうなのだからしかたがない。

事実はどうもこういうことであるらしい。たとえ戦場で幾千幾万の兵士を殺そうとも、勝ちさえすれば、みんな凱歌をあげて快感に酔いしれ、将軍は英雄に祭りあげられる。これは首刈り族が、刈った首の多さを光栄として狂喜乱舞するのと同じことで、なんとも野蛮で愚劣な次第だが、現代文明人でさえまだこの心理を卒業できないでいるようだ。平和より闘争や戦争が好き、勝利こそ最大の悦楽というのが、どうやら人間性の底にひそむ秘密であるらしい。そして、その欲求をかなえてくれるのが武人である。勝利の誉れをもたらしてくれるのは将軍のほかにはない、というわけだ。

かたわら文官とはなにか。本能や衝動はこんなふうに言うだろう。外交家とか財政家とか偉そうに言ってみても、しょせん小賢しい者の小手先の仕事で、彼らはけっして戦勝の光栄も快感ももたらしはしない。というだけでなく、うっかりすると、彼らは偉大な将軍を掣肘して、われわれから戦争という、あのしびれるような大博打のスリルを奪うものだと。

こういうふうだと、軍人に対して文官は分《ぶ》がわるい。シビリアンには、人気の湧きようがないのである。いや、まかり間違うと、とんだ汚名を着る羽目にさえ追いこまれる。

中国の杭州西湖のほとりの岳飛の墓はいつも参詣人でたいへんな賑わいようで、四季とりどりの花と香煙の絶えるときがない。構内に秦檜《しんかい》夫妻の鉄の像がある。奇怪なことに、それが鎖でしばられ、つながれている。これには、参詣人はけっして香華を捧げはしない。かわりに唾を吐きかけたり、ひどいときには小便をひりかけたりする。まさに憎悪と侮辱の的になっているのが秦檜の像だ。

一一二五年、北方におこった金《きん》が中原を侵し、都開封をかこむまでになって、宋の国運は累卵の危うきにいたった。そこで、武力で太刀打ちできない以上、このさい忍びがたきを忍んで金と和を講じ、宋の社稷を保つべしというのが宰相秦檜ら和平派の主張だったが、学者胡銓《こせん》はあくまで抗戦を唱えて譲らず、皇帝に「秦檜斬るべし」の上奏文をたてまつる。さらに強硬なのが、三軍の帥《すい》の岳飛で断固決戦の一本槍だから、政府の混乱はとどまるところを知らない。ついに秦檜は高宗皇帝の信任を楯に武断派の弾圧にのりだし、岳飛らをとらえて死罪に処した。こうして、ようやく一一四一年に和議が成立して、文武の相剋はシビリアンの勝利におわり、以後二十年の平和が保たれたのはめでたしめでたしといいたいが、そうはいかない、世間の秦檜に対する憎しみはいや増しに増すばかりだ。

岳飛というのが、背中に「尽忠報国」の文字を入墨《いれずみ》して、豪勇無双、用兵作戦に巧みで、かずかずの戦勝であわや金軍を撃退するかに見えたほどの、つまり、漢民族ナショナリズムの象徴的英雄だったから、彼への国民的哀惜の裏返しは秦檜への憎悪であり、いまもって奸漢《かんかん》の見本にされ、唾棄され、小便の洗礼を受けている。武人軍人と争うと、ともするとナショナリズムを敵にまわすことになりかねない適例が秦檜で、そうなっては悪名千載の憂目をまぬがれないのである。

ところで、本書の主人公意次は名前は武士ながらシビリアンである。と言っても、徳川太平のまっただなかだから、それがどうということはないはずだが、しかし、戦国以来の尚武の気風はまだ尾を引いている。彼ががんらい武功武勲に輝く門閥の生れでないことで軽んじられ、吏才にたけていることがかえって侮られる始末だ。人気の点では、文に対する武の優勢はほとんど決定的と言ってよい。

性と呪術

悪名は性とも無関係ではないらしい。歴史の裏に女あり、というようなことが言われるが、これはむしろ当然のことで怪しむに足りない。そのばあい男の裏にどんな女が幾人いようとも、ほとんど悪名の種にはならない。唐 の白楽天が『長恨歌』で、「後宮の佳麗三千人 三千の寵愛一身に在り」と歌っているように、玄宗の後宮には多数の美人が寵を待っているなかで、彼は楊貴妃一人にうちこんだなどというのも、つまりは女道楽の標本みたいなものだが、といってそのこと自体のために彼が悪名をまねいたとは見えない。

豊臣秀吉の女好き、女狂いは有名だし、徳川家康も同様で、はっきりしているのを拾っただけでも「二妻十五妾」の大勢だ。例の享保の治で誉れ高い徳川吉宗でさえ、女については年少のころから乱脈で、妻妾のほかやたらと大奥の女中などへも手をだしたうえに、飽きた妾は家来に「下賜」するというあざとさだ。

しかし、こんな女性関係が、秀吉や家康や吉宗が不世出の英雄ともてはやされ、明君とうたわれることをけっして妨げはしない。また、たとえ彼らが妻妾の意見に耳を傾けたにしても、それですぐさま悪名を背負いこむことにはならない。

ところが、これが逆になって、歴史が女の裏に男ありの形になると情勢はちがってくる。ゆらい女帝に愛される権臣という関係では、どうも両方とも評判がかんばしくないようだ。ことに、男のほうは、なんとも鼻持ちならぬ嬖臣《へい》または嬖人というふうに言われる。たとえば、ロシアのエカテリナ二世の数多い愛人の一人スタニスラス・ポニアトウスキーは、そのお情けでポーランドの王位にありつくのだが、すると歴史家たちは眉をひそめて、女帝の男妾とはなんとも情け無い奴、という調子で悪評をくだすのである。

これに宗教がからんでくると、事態はもういちだんと奇怪になる。僧職者は、その商売がら、宮中奥深くに入ることを許されて、やんごとない女性に接することが多かった。寺院で、彼女らの参詣を待つばあいもあったろう。そんなさい、彼は神仏への媒体であると同時に生身の男性でもあるから、たとえ相手が帝王であっても、女性であるかぎり、そして信心深ければ深いほど、彼女と僧のあいだには、なんとも微妙な交情が生じやすいし、ついに心身合一の境地に達したとしてもふしぎはない。

ロシア帝政末期の例の悪名高いラスプーチンがよい例だ。彼はシベリアの農民出身の修道僧だが、うまいつてを得て、ロマノフ家の宮廷に出入を許されるようになった。祈禱と予言で、ニコライ二世の皇后アレクサンドラ・フェオドローヴナの信頼を獲得したばかりでなく、貴族の女たちのあいだでもたいへんな人気だった。この長髪の髭の濃い男の黒い瞳にはなにか神秘な妖しい光が宿っており、これが女性を催眠術的な力で呪縛して、万事が彼の意のままになったという。

しかし、その力が政治をまで動かすにいたって、反対派の激しい憎悪をかって、一九一六年ユスポフ公爵邸で暗殺された。

似たようなのが、中国史上唯一の女帝即天武后《そくてんぶこう》のばあいにおける薛懐義《せつかいぎ》であり、また、わが国の女帝称徳天皇のばあいにおける弓削《ゆげ》の道鏡である。どちらも僧侶、しかもラスプーチン的催眠術師または呪術師の能力を帯びていたとされる点が共通する。つまり、宗教とパーソナルな魔力とを盛り合せて、女帝や皇后にとりいりたぶらかして、自らの権力をもっぱらにしたというわけだが、この種の人物こそ歴史のこのうえない憎まれっ子で、かならず「怪僧」のレッテルを貼られ、糞味噌にこきおろされている。

メッテルニヒや意次は女帝をたぶらかしはしなかった。女性を蠱《こ》惑する妖しい呪験力《じゅげんりょく》を持ち合せてもいない。しかし、女性を政治的に存分に利用することを、けっして遠慮はしなかった。どちらもすこぶる美男で女性にもてるのをさいわいに、たとえばメッテルニヒは恋愛や舞踏やサロンに政治をからませ、意次は大奥をまるめこんで効果をあげた。王侯の妃や姫を、あるいは御年寄らの有力者を、いわば色仕掛けで利用したのだから、流儀としては例の「怪僧」どもの流れを汲むものだ。したがって、評判の良かろうはずはないのだが、しかし、それにはいくらか世間のやっかみも入っているだろう。

人気の秘密

戦国乱世の人気者の英雄たちが案外肉親殺しの犯人である。肉親を殺すほどの執念がなくては、とても英雄にはなれないということだろうか。信長しかり、秀吉しかり、家康しかりで、史実はなんとも残酷悲惨をきわめるが、世間は案外これをとがめない。とがめるのは、殺しが政治的謀略に結びついているばあい、ことに下剋上による政権簒奪《さんだつ》をともなうときである。

源頼朝や足利尊氏らが英雄にはちがいないのに、人気がパッとしない、というよりいくらか悪者扱いされているのは、彼らは単純な武将でなくて本質的には政治家であり、その必要から弟義経を殺し、あるいは弟直義を毒殺し、なお尊氏は主家北条氏の天下の簒奪者でもあるからだ。信長を弑逆した明智光秀もこの部類にはいる。この手の悪人のきわめつけみたいなのが、イギリスのリチャード三世で、シェイクスピアの筆でみにくいせむし男の極悪人に仕立てられたのが運のつきだった。その後、二、三の歴史家がこの気の毒なリチャード三世を見直そうとしたが、シェイクスピア相手ではどうにもならず、彼は永遠の悪の巨像として歴史のなかにそびえている。というような点で、世間の観点は案外保守的で、既成秩序の破壊者にはあんまり同情的ではないと見てよい。

民衆は裏切りはもとより、洞《ほら》ヵ峠式の日和見的態度も好きでない。策謀に富んだ、俗にいう腹黒い人物は嫌いである。複雑で奥の知れないような型が民衆の本能的な疑惑と警戒をまねくかたわら、快活でわかりやすい性格が歓迎される。おまけに生涯が起伏と変化に富み、なにか悲壮な美しさに彩られていながら、ついに主人公が非命にたおれるというようなのは、それこそ劇的というわけで人気をそそることこのうえない。ナポレオンはもちろん、源義経、西郷隆盛らの人生がその典型である。畳のうえの大往生というのでは、しょせん歴史の人気者にはなりにくいのである。

歴史の審判

「棺を蓋いて事定る」ということわざがある。いう意味は、人の真価は、生前には、毀誉褒貶があって、なかなかわかりにくいが、死んではじめて決定するということらしい。とすれば、意次逝いてすでに百八十年、その悪名はとうに定まっていると言ってよい。

ところで、このような、いうところの歴史の審判がじつは間違いなしではすまないことも、裁判が誤審をまぬがれ得ないのと同様である。歴史とは、たいていは、史料とか史実とか、とかく表面にあらわれたものを主な材料にして書くものだから、かんじんなところが埋没したままになっており、したがって、歴史の判断が的をはずしていないとは、かぎらないのである。史料や史実そのものが、故意か過失によって、一方にかたよったり間違ったりしているばあいも少なくあるまい。

だから、古今東西の偉物たち、なかでも賢明な政治家たちの多くが、万一そんなことになって、後世、思わぬ悪評をこうむっては困るというわけで、みずから筆を執ったり、著名の文人にかわって書いてもらったりして、自分の考え方なり行き方なりをせいぜい正当化し美化してきたのである。たとえば、メッテルニヒやタレーランらの自伝は、ナポレオンに対してとった態度の弁明や申し訳みたいなことにおおわらわだし、現に意次の政敵であり、彼を奈落の底にたたき落した松平定信も、一八二点にのぼる書物を著して、その意見、政見の類を十二分に吐露して、自己の立場を固めている。

ところで、意次は本一冊書いてはいないし、一言の弁明さえしていない。彼という男は、およそものを書くという仕業をしなかった。だからこそ、まさか文字を知らなかったでもあるまいに、当時の人に、「文盲」とか「不文の人」とかと、さげすまれてもいるのだ。意次がこんな態度でいるのは、歴史に対して大胆不敵というか、それとも歴史を無視または蔑視しているというのか。あるいは、徳川一門の定信と死闘を演じて負けた以上、その時代のあるかぎり、しょせん、言訳なぞなくもがな、敗軍の将は兵を語らず、の心境にあったのか。

いずれにしても、こんなぐあいだから、意次はいわば悪口の言われっぱなしで、歴史的にはきわめて偏頗《へんぱ》な扱いを受けてきたと見てよい。現代にいたって、ごく一部の歴史家、たとえば辻善之助、野村兼太郎氏らによって彼の再評価らしいものが行なわれているが、なかでもエール大学のジョン・ホィットニー・ホール教授が、意次を徳川歴代の政治家ちゅう第一等の人物と格づけし、「近代日本の先駆者」と銘打っているのはまさに斯界の奇観ともいうべきであろう。

しかし、私の本書へのもくろみは、これら諸家の驥尾に付して、彼を悪臭ふんぷんたる汚辱の糞壺から引っぱりあげて、水をそそいで穢れを洗い落すていの史学的作業をしようというのではない。関心は、むしろ彼の悪名、すなわち汚辱そのもののゆらいを探ることにあるのだが、それは当然彼という個性があの身分制度のきびしいなかで、どんなふうに環境に適応しながら破天荒の出世をしたか、またどんなふうに周囲と摩擦をおこして失脚したかの一部始終を含むことになるだろう。

そして意次の人生行路をどう見、どう判断するかについては、本章にかかげた悪名の指標または目安らしいものがいくらか参考になるだろう。

一章　絶頂への登攀

天明三年

天明三年（一七八三年）七月、浅間山が火をふきだした。天地震動して砂石を降らすことおびただしく、噴煙は日をおおって四方暗黒ながら、ただ大石大木の焼け落ちるときだけは、あたかも白昼のような明るさだった。そのすさまじさは、当時の長崎のオランダ商館長チチング画くところの『図解日本記』の挿絵に彷彿としている。そのため縦二十五里、横八里の間は一物もない焼野原になった。山津浪《やまつなみ》に押し流された家の数は千七百八十三戸、死人は三千七十八人に達したと伝えられる。

ところで、すでに「天明の大飢饉」がはじまっていて、その酸鼻の極がおなじ天明三年だった。

「……奥州等の他国にては、うゑ死にせしが多くありけり。別《わ》けて大ききんの所にては、食物の類《たぐい》とては、一色《ひといろ》もなかりければ、牛や馬の肉はいふに及ばず、犬猫までも喰ひ尽しけれども、つ

チチング画「浅間山の爆発」

ひに命をたもち得ずして、うゑ死にけり。其甚所《そのはなはだしきところ》にては、家数《いえかず》の二三十もありし村々、或はかまどの四五十もありし里々にて、人皆死に尽し、ひとりとして命を保ちしはなきもありけり。其のなき跡を弔ふ者もなければ、命の終りし日も知れず、死骸は埋めざれば、鳥けだものの餌食となれり」（鈴木武助『農喩』）

というありさまだった。また同書には、当時奥州の旅路にあった例の勤皇家の高山彦九郎の見聞が記されている。ある日、彼は山中で路に迷い、とある人家を見つけて入ると、なかは寂《せき》として声なく累々たる白骨ばかりが眼に入ったので、さすがの豪傑が全身寒気《そうけ》だって、やっとのこと人里に逃げ帰ったという。こうして草根木皮《そうこんもくひ》はもちろんのこと、死人の肉を鬻《ひさ》いだりくらったりするまでの、この世の地獄が出現した。

飢饉にともなって疫病がはやった。幕府はこれを防ぐのにおおわらわで、医者の処方を町触《まちぶれ》にして、「大つぶなる黒大豆をよくいりて壱合、かんぞう壱匁、水にてせんじ出し、時々呑《のん》でよし」とか、「茗荷《みょうが》の根と葉をつきくだき、汁をとり多く呑でよし」とか、また「牛蒡《ごぼう》をつきくだき、汁をしぼり……其上《そのうえ》桑の葉を一握《ひとにぎり》ほど火にて能《よく》あぶり……せんじて飲《のん》で汗をかきてよし」とか教えているが、もちろん、そんなことで伝染病がやむわけがない。

こんなぐあいだから、百姓の難儀はひととおりでない。ことに浅間山噴火のために田畠は荒廃し収穫のほとんどを失った信州、上野《こうづけ》一円の百姓たちは、飢渇を叫んで徒党を組み領主の城門に迫って強訴することがたびたびだった。なかには罪もない良民の家宅に押入って金銀米穀衣服器具の類を掠《かす》め取るような乱暴までが頻発したので、幕府は同年十一月禁令を発してこの種の暴動をおさえようとしたが、さほどのききめはない。都市でも米の値段が暴騰して町人の生活はひどく苦しい。だから町人の動きもまた不穏であり、やがて大坂からおこってほとんど全国に波及する、かの「天明の打毀《うちこわ》し」の兆しもほの見えるという、いかにも険悪きわまる世相ではあった。

浅間しや冨士より高き米相場
火の降る江戸に砂の降るとは

浅間山の大爆発（かわら版・小野秀雄氏蔵）

ところで、そんなろくでもない大凶の天明三年が、たまたま田沼意次得意の絶頂期にあたっていたということ、ただそれだけからでも彼の治世の波瀾と困難が察せられるというものだ。

意次全盛のころのことを記した文献は少なくないし、いろんなエピソードがあげられている。たとえば、安永年間のことだが、意次の下屋敷が稲荷堀にできたとき、彼があらたに掘った泉水を見て、「鯉や鮒を入れたら、さぞおもしろかろう」と言って登城して帰ってみたら、その池には、誰が持ってきたのか、そんな魚が威勢よく泳いでいたとか、また、絵の好きな将軍家治に意次が絵師狩野典信《かのうみちのぶ》、惟信《これのぶ》の父子を推挙したところ、たちまち、彼らの絵が市中でえらい高値をよんだ、とかいうたぐいである。

意次宅には日夜訪客が絶えなかった。まさに門前市をなし、門外の車馬つねに雲のごとしで、その盛況を平戸城主松浦侯静山《せいざん》の『甲子《かっし》夜話』によってうかがおう。静山が二十歳のころ、田沼家へ御機嫌うかがいにいったところ、彼が大勝手のほうから通された場所は、三十畳くらいの大広間だったが、すでにそこは先客で押すな押すなの大入満員。隣りの間の刀掛けに掛けられた刀は幾十、幾百口《ふり》ともしれず、まるで海波を描いたようだった。

「さて主人出て、客と逢《あう》ときも、外々《ほか》にては、主人は余《よ》程《ほど》客と離れて坐し、挨拶することとなりしが、田沼は多人《たにん》席に溢るるゆへ、ようようと主人出座《しゅつざ》の所、二、三尺許《ばか》りを明《あけ》て客着座するゆへ、主人出て逢ときも、主客互に面《おもて》を接する許なり。繁昌とはいへども、亦無礼とも云《いう》べきありさまなり」と、静山はたまげている。また、ある日、意次の公用人の三浦庄二という者に頼みたい用があって、静山が面会を申し入れたところ、「承知いたしました。しかし、うっかりそこへでてゆきますと、お客のかたがたにとりまかれて、お会いできないようなことになるかもしれませんから、どうかそっと別席にお入りください」という取次からの返事があって、隠所《かくれどころ》へ案内されて、やっと会うことができた。「陪臣の分際で、天下の大名を扱ふこと斯くの如し」と、おおいに憤慨している。これを現代に引き直してみれば、県知事や市長あたりが、大臣秘書官くらいに軽く扱われて怒っている、というようなことだろうか。

しかし、田沼邸がこんなふうに、まるで夕刻の銭湯みたいな混雑を呈しているのが、けっして

田沼意次の肖像

無意味なお祭り騒ぎでないことは言うまでもない。主な訪問者は大名、家老たちだが、ことに諸藩の江戸留守居役の面々が多かった。みんなが胸に一物で、陳情、請託の類を抱えていない者はない。江戸留守居役というのは、なるほど諸藩の出先ではあるが、いまの各県の東京事務所長というようなのとは違って、たぶんに、藩というなかば独立国の代表者、いうなれば特命全権大使の資格で、自藩の安危を一身に背負って幕府と折衝する役柄だったから、なかなかの腕こきぞろいだ。

彼らにしてみれば、宗主国ともいうべき幕府当局にたえず接触して、情報を入れたり、それとなく意向を打診したりすることがなによりかんじんなところへ、高官ちゅうの高官、老中ちゅうの老中、いや事実上の宰相が気やすく迎えいれてくれるのである。彼らとしては願ってもないさいわいだから、さきを争って田沼屋敷へ殺到するのもむりからぬ次第だった。

それはさて、客たちが待っている座敷へ、やがて用人の先触れがあって、サッと押し開かれた襖のあいだから、当の主の意次があらわれる。静山が書いたとおり、部屋のなかはごったがえしていて、足の踏み場もないくらいだが、しかし、意次はいっこう気にしない。坐るとさっそく満遍なく挨拶をかわし、よもやまの話に移るのだが、がんらい彼は座談が好きだし、その語り口は軽妙で機知に溢れている。よその殿様みたいに、床柱を背にふんぞりかえって、切り口上でものを言うふうの格式ばった固苦しさや空威張りは意次の趣味でない。ずいぶんと眼下の者にも、「ささ、お楽に、お楽になされよ」とこまかく気をつかい、ときには突拍子もない冗談を飛ばして、みんなの爆笑をさそうというぐあいだったから、この愛想のよい主人が、幕府の屋台骨を背負って立って政務いっさいを切りまわしている、かの剛気と辣腕で鳴る権力者とはとても思えなかったのである。

ライバル登場

そんな田沼邸へ、さきごろからときどき白面の貴公子があらわれていた。毎度のつけとどけもけっして安目のものではない。挙措《きよそ》きわめて端然として、その品格は争うべくもない。という人は、誰でもない、白河十一万石の藩主の松平定信だった。意次は、もちろん、懇切丁寧に応対はするものの、これはなんとも気のおける客人で、さすが外面《そとづら》のよい彼が鼻白んでいる。つねのように主客お互いが世間話に打ち興じるようなことはない。定信という、額《ひたい》に血管が青く浮いて見える秀才青年を、意次ははじめて会ったときから虫が好かなかった。ひととおり時候の挨拶が終ると、定信は頭を下げていう。

「かねてのこと、枉《ま》げてお聴入れ願わしう存じまする」

「いや、その儀は篤《とく》と勘案いたしておりますゆえ、いましばらくのご猶予を」

「と仰せられても、もうだいぶ日もたっております。時節はいよいよ艱難、とうてい坐視するに忍びませぬ。拙者、他意はござりませぬ。ただただ、かかる折柄、天下のため上様のため、一身をなげうって御奉公いたしたいまでのこと……」

毎回こんな押問答がくりかえされていた。定信の言分は、はなはだもっともらしいが、ていのよい猟官運動にちがいない。それがなかなか埒があかないから、彼はじりじりしており、やっとおさえている怒気がときに眼の色に兆さないでもなかった。かたわら、意次は容易に決断がつきかねて一寸遁《のが》れをやっているのだ。じつのところはさっそくにもことわりたい。しかし、そうもできないのは、定信の極上の身分に加えて、彼の嫡母の宝蓮院の将軍周辺への運動が熾烈をきわめていたからだ。

宝蓮院といえば、なにしろ三卿の一人、田安宗武の未亡人だし、宗武というのが八代将軍吉宗の二男ときているから、つまり、定信は吉宗の孫であるうえに、かつていまの将軍の家治が、幼いころの彼をとくに自分の膝下に留めおいて可愛がったこともあるほどだから、将軍のおん覚えも悪かろうはずがない。そんな定信が入閣、つまり老中の職を望んでいるのである。意次がそれをどうともふんぎりかねて煩悶しているのは、定信という人間そのものが彼の性《しよう》に合うとか合わぬとかいうことよりなにより、定信のひそかな反意次の陰謀が彼にはちゃんとわかっていたからだ。これかあれかの政治的思惑が、さすが明敏果断で聞えた意次を混迷に導いていたのである。

それにしても、これほど高貴な血統の定信までが、膝を屈し叩頭《こうとう》三拝して官職を請わねばならない意次という人物には、そもそもどんな背景があるのか。その絶大な権力を支える根拠はなにか。そのへんの事情を探らなくてはいけないだろう。

登攀者

田沼意次は享保四年(一七一九年)に江戸で生れた。通称は竜助。父の意行《もとゆき》は、八代将軍吉宗がまだ越前丹生《にう》三万石の小領主だったころ、十七石三人扶持の中小姓格を勤めていたのをふりだしに、主君に扈従して丹生から紀州へ、紀州から江戸へと移っていった。主君の出世はつまり家臣の出世で、吉宗が将軍職につくにともなって、意行もまた稟米《りんまい》三百俵を賜って御小納戸《おこなんど》役《やく》に任じた。諸藩の小納戸衆は財務官である。つまり、その方面に能力があったわけで、してみると、その長男意次の理財の才幹は父子相伝ということになるだろう。享保九年(一七二四年)意行は叙爵して従五位下主殿頭《とのものかみ》となり、十八年には禄高六百石、翌年御小納戸の頭取に昇進したが、その年末に亡くなった。まずは順調な立身出世ぶりだったと言えよう。

意次は十三歳のときにはじめて将軍吉宗にお目《め》見《みえ》を許され、十五歳のとき将軍の世子家重《いえしげ》の小姓になった。細面《ほそおもて》に眉目秀麗な美男子で、声に快い響きがあり、物腰は優雅いんぎんである。俗にいう、「目から鼻に抜ける」ほど利口だが、とかくその種の才子にありがちな激情の突発や性格のもろさはなくて、むしろ冷静で芯が強く粘っこい。美貌のうえにこのとおりの利発さだから、小姓にはまさにうってつけで、家重にとくに寵愛されたことから、「衆道（男色）をもっておのれ立身出世致し、武功の衆をあなどる」などと、後日、悪口を言われもしたのである。

意次は、父意行の死にともなって、享保二十年（一七三五年）家督を相続し、翌々元文《げんぶん》二年には従五位下主殿頭に叙任された。ときに十九歳、以後八年間、家重に仕えて西の丸出仕をつづけていたが、延享二年（一七四五年）家重が将軍となって本丸に移るにつれて意次も本丸出仕となった。このへんから、彼の出世に加速度が加わる。

延享四年、御小姓組番頭格《おこしょうぐみばんがしらかく》、御取次見習《おとりつぎみならい》に取り立てられた。翌々年、年号改まっての寛延《かんねん》二年には御小姓組番頭に進み千四百石を加増、禄高二千石となった。意次、ときに三十一歳だが、このような官職路線を歩みだしたことは、やがての側衆《そばしゅう》、すなわち将軍の側近を約束されたようなものである。『甲子夜話』は、小普請奉行《こぶしんぶぎょう》大河内肥前守の実話であるとして、そのころの意次の将来への意気ごみがどんなものだったかを伝えている。

それは、大河内肥前守の実父の織田肥後守が御小姓組与頭《くみがしら》を勤めていたときのことだった。たまたま田沼意次が御小姓組番頭に就任していっしょに働くことになったが、なにぶん彼には不案内な職掌で弱っていた。それを、肥後守がなにくれとなく面倒をみて助けてやったのを、意次が芯から恩に着て、内々周旋したおかげで、やがて肥後守は小普請《こぶしん》支配に出世した。感激した肥後守は、さっそく意次邸を訪問して、

「おかげによって、このたびの出身、このうえもなくありがたき仕合せに存じ奉ります」

と、畳に額をこすりつけて幾度も幾度も礼を言った。やおら顔をあげると、意次は意外にきびしい顔をしていた。

「お礼はほどほどになされませ。これしきのことで、さほどのお喜びとは不料簡《ふりょうけん》と存じまする」

と、きめつけられて、肥後守は戸惑った。意次は面を改めて言った。

「貴殿は持高三千石。拙者はそれにも足りませぬ。しかし禄高は禄高、おたがい今後どれほど昇進するやもしれませぬ。それを、たかだか小普請支配くらいの役目について御満足とは情けない次第です。拙者、いまはかようなことをしておりまするが、いずれは老中になる所存です。人間、小成に安んじてはなりますまい」

してみると、すでにそのころから、意次は権力の絶頂めざしての登攀にとりかかっていたわけで、優男《やさおとこ》の見かけによらぬ、豪胆というか不敵というか、とにかくその意気ごみは天を衝《つ》くばか

りである。しかも、その野望が法螺や寝言に終らないで、果報が先方からころがりこんでくるようなぐあいだから、ふしぎというほかはない。

すなわち、宝暦元年（一七五一年）、大御所吉宗が亡くなってからは、家重の意次ひいきはおおっぴらになって、さっそく側衆に任ぜられて、将軍に時務万端を執奏するまでになった。四年後にまた加増されて禄高五千石。宝暦八年にはまたまた加増されて、ついに禄高一万石に達して大名に列し、老中と並んで評定所《ひょうじょうしょ》出仕を命ぜられるにいたった。すなわち、いまでいう最高裁判所判事の席にも連なったわけである。

宝暦十年（一七六〇年）、家重は将軍職を子の家治に譲って隠居したが、翌年六月死んだ。臨終の家重が家治に「主殿《とのも》（意次）は、またうど（全き人）のものなり、行々《ゆくゆく》こころを添へて召仕はるべし」と遺言したとかで、そのせいもあってか、新将軍の意次寵愛は先代に増しこそすれ、けっして減りはしない。宝暦十二年、さらに五千石加増、明和四年（一七六七年）には御側御用人となって従四位下に昇り、またまた五千石を加えられ、命によって遠州相良《さがら》に城を築き、とうとう城持ち大名にのしあがったのである。

こうして、ついにこの登攀者《クライマー》は、アイゼンとザイルを頼りに、岩場から岩場へと這い上って、いよいよ頂上への絶壁に取りついたのだ。明和六年、五千石加増とともに老中格、明和九年一月十五日にはついに待望の老中に列して、さらに一万石を加え、安永五年（一七七六年）また一万石加封《かほう》、締めて五万七千石を領するにいたった。傍目《はため》には、まことに目がまわるような躍進ぶりだが、しかし彼自身は、案外、自分の出世をかくべつ異例とも思ってはいない。

というのは、まず元禄のころに、将軍綱吉の小姓として知行百六十石と蔵米三百俵をふりだしに、のちには大老格、禄高十五万千二百石の大身にまでのし上った柳沢吉保《よしやす》の例があったし、もっと手近なところでは、家重の小姓役から出発して御側申次、側用人に進み、禄高三百石から二万石までに跳ね上って、勢威老中を圧した大岡忠光という生きた手本もあったからだ。忠光が三百石から二万石になったのと、自分が六百石から五万七千石になったのと、たいした違いはありはしない。器量人が出世するのはあたりまえのことだ。それに、吉保よりも忠光よりも自分はもっともっとできる男だ、これしきのことで騒ぐ世間のほうがよっぽどおかしい、というたいへんな自信が彼の心の奥深くにはあったのだ。

将軍の寵愛

ところで、吉保、忠光、意次らがそれぞれの時代時代に政治的猛威をふるったゆえんは、同じく側用人として日夜将軍の近くに侍《はんべ》って、主君の絶大な信頼と愛顧を得ていたからである。打てば響き、かゆいところに手が届いたからである。だから、悪く言えば佞臣《ねいしん》、宦官《かんがん》であり、儒教流に美しく言えば、股肱の臣であり、君臣水魚の交りなのである。こうなってくると、側近者は将軍のたんなる伝声管ということではすまなくなる。そのなにげないような言葉や振舞いにも、人は背後の将軍の意向を忖度《そんたく》するというぐあいだから、しぜん虎の威を藉《か》る狐式に羽振りがよくなるわけだが、まして御側御用人は幕府職制上の歴とした、老中に準ずる重い地位である。だから往々この職にある者が、幕閣を圧倒するほどの権勢を握ったとしても、さして怪しむにたりないのだ。

ここで、話はいささか脇道にそれるきらいがあるが、徳川十五代、三百年もの屋台骨を維持できたについては、小身者を思いきり抜擢して、その政治的才腕を十分に発揮させたことがおおいに寄与したと見てよい。譜代の門閥、生れながらの大名の家に案外英才は乏しい。かえって微禄からの成り上り者、たとえば綱吉における柳沢吉保、家宣《いえのぶ》における間部詮房《まなべあきふさ》、家重の末期から家治にかけての田沼意次のごときが、世情に通じ役目に堪能《かんのう》で、複雑多岐な政治の衝に立って徳川の天下を支えたわけだ。半面、同様の効果を奏したのが養子の制度で、この活用によって、封建世襲の時代には、とかく陥りやすい総領の甚六の弊をかなりまぬがれることができた。

もちろん、養子かならずしも賢才とはかぎらない。しかし、馬鹿が養子にえらばれた話はめったに聞かない。たとえば徳川十五代ちゅう、初期の三代をのぞいて、多少とも出色の将軍と見られる五代綱吉、六代家宣、八代吉宗、十五代慶喜らはみな養子である。十一代家斉《いえなり》、それから政策的に擁立されて紀州家から入って宗家をついだ十四代家茂《いえもち》ですらけっして暗君というほどではなかった。養子の効用は、なにも将軍家だけにかぎったことではない。大名からなみの侍のばあいまでが同じことで、現に当時の列侯ちゅう名君の誉れ高い白河の松平定信、米沢の上杉治憲《はるのり》、紀州の徳川治貞《はるさだ》、長防二州の毛利重就《しげなり》、肥後の細川重賢《しげかた》らもみな養子である。こうして、養子の制度と微禄小身者の擢用の組合せによって、いわゆる明君賢相の理想がなにほどかかなえられて、徳川治政三百年もの命脈が保たれてきたと言えるだろう。

また話はもとへ戻って、しかし、まだ明和のころまでは、意次の勢いも、そう目だったものではなかったのだが、たまたまおこったある小事件が彼の潜勢力の大きさを実証することになった。ある日の殿中で、意次は河越侯の老中秋元凉朝《すけとも》とすれちがったが、しきたりどおりの拝礼をしなかった。怒った凉朝は、意次の同僚を呼びつけて、彼の不敬をとがめた。意次は故意にそうしたわけではない。老中なにするものぞというような威張った気持から、無用の摩擦をおこすほど彼は愚かではない。用事に気をとられながら廊下を急いでいたので、つい欠礼したまでだから、そう言って凉朝に詫びを入れた。

ところで妙なことがおこった。強硬に抗議して陳謝を要求した凉朝が自分から申しでて老中職をやめてしまったのだ。「意次の讒《ざん》を恐れて病と称して出《い》でず」という次第だから、いったん意次を叱りつけ詫びさせてはみたものの、疑心暗鬼を生じ恐くなって逃げだしたというわけだ。後日、凉朝は人に、「もしあのとき自分が意次の不敬をとがめなかったら、ついにそれが例となって、老中がかえって御側御用人に頭を下げなくてはならないようなことになる。だから、自分は身の不利益を承知のうえで、老中の威光を傷つけないために、国家の制度を守り百世の法を立てるために、あえて彼の不敬を弾劾したのだ」と語ったそうだが、しかしそれで怖気立ってみずから閣老の職を棒に振ったとあっては、せっかく勇ましいこの言分もちと引かれ者の小唄の気味がある。

しかし、そんなことはあったにしても、意次はまだまだ存分に権勢の羽翼を張るまでにはいたっていない。まずなにより、幕閣の首班に重鎮の館林侯松平武元が控えていたからだ。武元の前前代は六代将軍家宣の同母弟だから、毛並みの良さは格別だし、八代吉宗のころ出仕してから死ぬまでの在職期間五十年余、老中在職三十八年間におよぶ大ヴェテランであるうえに忠誠謹厚の君子人だったから、意次がおおいに彼をはばかっていたのも当然である。はばかる以上に敬服さえしていたのは、こんなこともあったからだ。

安永五年、意次がまたまた一万石加増の恩命に浴したときのことである。加増はありがたいが、武元に遠慮される、というのが意次の気持だった。この宰相は、長い在任ちゅう禄を増すことただ一度、それもわずかに七千石であわせて六万千石。その高い身分と年功の割には高が少ない。意次はそれを考えたうえで武元に言った。

「御恩命まことにありがたく存じ奉りますが、勝手ながらこのたびは拝辞いたしたく存じまする」

「なにゆえ遠慮なされる」

「すでに過分の秩禄を頂戴いたしております」

「御遠慮殊勝じゃが、しかし、かつて吉宗公がそれがしに仰せられるには、五万石未満の大名で多年功労のあった者には、加増してとらせてもよい、と」

「しかし、毎々の御恩寵はあまりにもおそれ多く……」

「いや、いったん上様が仰せだされたことをお受けせぬのは、みずからを潔くして、かえって君の過《あやまち》を公けにするようなものじゃ。謹しんで拝領されるがよかろう」

意次はしばし無言だったが、やがて感激の涙を催しながら言った。

「まさにこれ、貴殿よりの賜物でござりまする」

こんなこともあったものだから、意次がますます武元に頭が上らなくなったのもむりはない。

しかし、安永八年（一七七九年）に、これほど意次が敬重畏憚《いたん》した武元が死ぬにおよんで、松平輝高《てるたか》が老中筆頭になり、上座には井伊直幸《なおひで》、松平康福《やすとみ》らが並んだが、意次にとっては彼らはもうものの数でない。彼らのほうが逆に、意次に尻尾を振っているのだ。「列相以下百官、媚を意次に求めざるは無し」の世の中となって、ここに田沼意次の黄金時代の幕があくのである。彼はもう事実上の宰相だった。

さて、このへんで、意次の登攀記録から眼を転じて、彼の好敵手松平定信のたどった路を眺めてみよう。定信が生れたのは宝暦八年（一七五八年）で、念のため言えば、その年意次は四十歳で、将軍家重の側衆の職にあった。さきにも書いたように、定信の父は三卿の田安宗武であり、彼はその七男だった。宗武は将軍吉宗の二男だから、定信はその孫で、いまの将軍家治の従兄弟にあたる。同じ三卿の家柄の一橋家から、家治の後を襲って第十一代将軍になった家斉が吉宗の曽孫であるのにくらべると、吉宗への血のつながりは定信のほうが濃い。したがって、もし移り気な運命がなにかの拍子で定信にほほえんだとしたら、将軍職は彼のものだったかもしれないのだ。

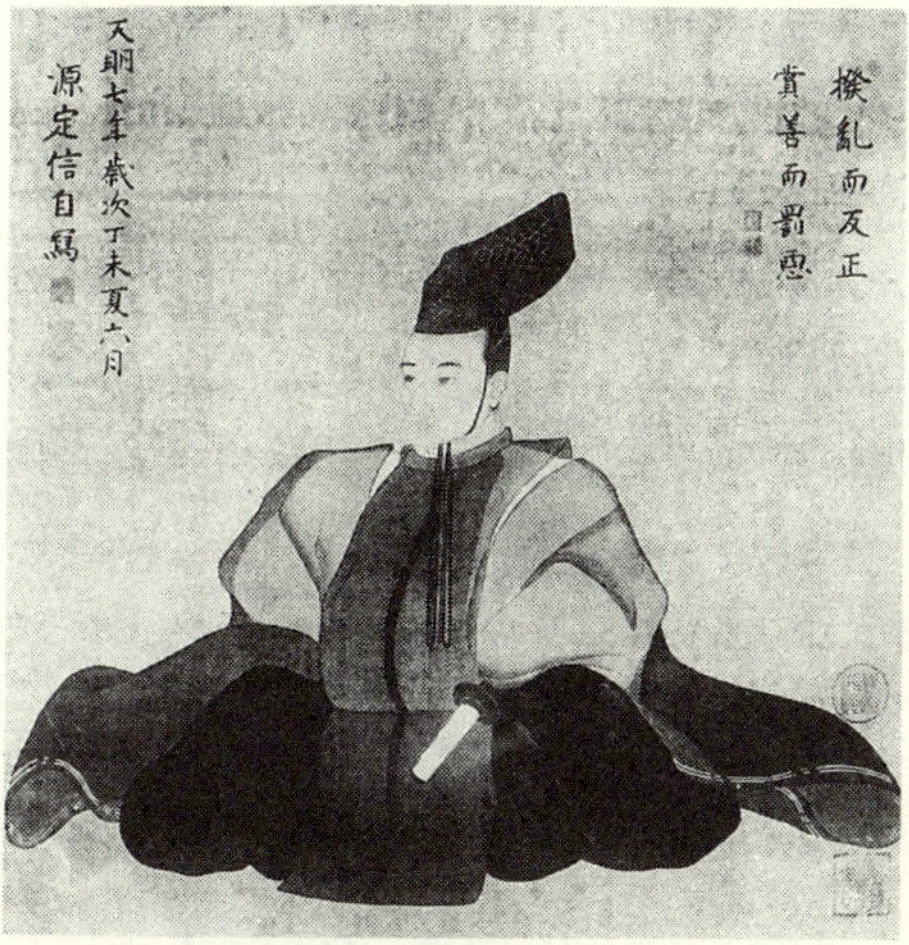

松平定信の肖像

安永三年（一七七四年）、定信十七歳のとき、彼は幕命によって否応《いやおう》なく奥州白河藩主松平定邦《さだくに》の養子と定められた。そう決まったとたんに、田安家の当主で、ほかがみんな亡くなっていまは、たった二人兄弟の兄の治察《はるさだ》が重病にかかって、命旦夕に迫るありさまになった。そこで、急いで松平家との養子縁組の取消しを幕府に願いでた。側衆の稲葉正明《まさあきら》がうなずいて、「なるほど、お困りの御事情はよくわかりました。小職、及ばずながら力を尽して貴意に副《そ》いたいと存じます」と言ってくれたので、田安一統がホッとし、治察も安堵して息を引き取ったのだが、じつはこれがとんだ早合点で、追っての幕府からの達しは、正明の約束とはうらはらに、定信の田安家復帰を認めない、という残酷なものだった。やむをえなかった。生家の後継者が決まらないまま、定信は後髪《うしろがみ》を引かれる思いで松平家へ移っていった。持って生れた運命と言えばそれまでだが、定信がじっとすかして見ると、その背後には黒子《くろこ》の姿がある。糸を操っているのは、どうやら意次らしいと見えたのだ。

事実、定信の田安家からの追出しは意次の謀略だったというのが通説のようになっている。理由は、つまり、定信が田安家にいるかぎり、いつ将軍職につくことになるかもわからないが、あの俊才に将軍になられたのでは、自分が手も足もでなくなるから、というのである。しかし、この観察はちと浅薄で勘ぐりが過ぎるようだ。定信の松平家への養子縁組が決まった安永三年には、意次はすでに老中だったとはいえ、まだなりたての新参者だったうえに、筆頭には松平武元がいぜん威幅を張っていたのだから、これほどの大事について、意次のそんな勝手気ままがまかり通るわけがない。もし万一意次にその気があったとしたら、彼の腹心の稲葉正明が田安家にあんな安請合《うけあ》いをするはずもない。いやなにより、家治の世子家基《いえもと》がまだ健在で、将軍継嗣の問題なぞ露塵ばかりの兆しもなかったのだから、そんなおりそんな腹黒い深謀遠慮を、彼がめぐらしたとはとても思われないのである。

それはさて、いったん田安家に対して善処を誓った稲葉正明は、同家と幕閣との板狭みになって困りはてた末、親分の意次にこっそり相談をもちかけたものだ。

「かくべつの御配慮を願えませぬか。田安家から頼みこまれて、じつは弱っております」

「貴公、色好い返事をしたとみえるな」

「はあ……」

「とすれば早まった。縁組を取消す見込みはない」

「と申しましても、田安家ほどの名家にお世継ぎが絶えるようでは……」

「名家といえば、白河松平家もたいそうな名家、古くは家康公の母君お大《だい》の方様が嫁がれたほどのお家柄じゃ。綸言《りんげん》汗のごとしとか、いったん上様のお許しを得たからには軽々しく変改《へんがい》はならぬ」

「まことに……それがし、うかつでございました。申し訳ありませぬ」

正明はかしこまって頭を垂れ、しきりと自分の軽率を後悔した。

「いやいや、そうまで詫びることはない。しかし……じつは……」

と、意次は顔を引締め、声を改めて言った。

「貴殿も承知されるがよかろう。他言無用に願いたいが、この話はもともと一橋治済《はるずみ》さまの御存念によることじゃ。いまもし田安家のためをはかれば、今度は一橋家のほうがおさまるまい。むずかしい。治済さまはなかなかの御仁。それが今回はきつい御執心でのう……」

意次は額に手を当てて嘆息した。意次自身が治済の強引な意向にたじたじとなっていたのである。では治済は定信の田安家離籍をなぜこうまで強く望むのか、これについてはあとで述べよう。

ついに安永四年（一七七五年）十一月、定信は松平氏の藩邸に移った。定信自身が、こんないきさつをどこまで知っていたのか？　後日、この件について、「さりがたき（よんどころない）わけありしこと、この事は書きしるしがたし」（『宇下人言《うげのひとごと》』）と筆をにごしているのは意味深長である。ともあれ、彼の意次に対する憎悪は、まずこのあたりに端を発していると見てよい。やがて展開される両者の激しい政争の底には、定信のこの根深い私憤があったのだ。

田安、一橋家の暗闘

田安、一橋に清水を加えたのがいわゆる御三卿、これらは徳川御三家ちゅう尾州、紀州の二家とともに、将軍家にもっとも近い親類筋として、将軍に後継ぎがないときには、この範囲から候補者が物色される。自家から将軍がでるとなると家門の誉れはむろんのこと、飛ぶ鳥も落ち草木もなびく威勢のよさで、主従ともども御同慶のいたりだから、これらの各家が万一の僥倖《ぎょうこう》をねがって、ずいぶんと念の入った布石をするし、手のこんだ計略をめぐらしもしたものだ。そのことは、徳川将軍家累次の継嗣問題のどれもこれもが深刻な葛藤や闘争なしでは解決されなかったことからもわかる。一橋治済のばあいがまたまさにそれで、狡猾《こうかつ》、陰険、かつ非情な策謀家ということでは、徳川歴代の貴族ちゅうでも彼こそ尤《ゆう》なるものだったことが、なおだんだんと知れてくるだろう。

三卿のうち清水家は九代将軍家重がおこした家で、とても田安、一橋家と同列には並べない。かたわら両家はどちらも八代将軍吉宗の子がたてた家という点で由緒を同じくし家格もひとしい。それだけにお互いライバル意識が強烈で事ごとにいがみあう始末だ。ことに双方の奥女中間の相剋と葛藤は、陰にこもってじめじめと湿っぽく粘っこい。定信の田安家からの追放、したがってその将軍職継承権の芽をつむという残酷なたくらみが練られた背景には、こうしたかねての暗闘があったのだ。その中心には、もちろん、治済が坐っている。そして、そのお先棒をかついで奔走していたのが、一橋家家老の田沼意誠《おきまさ》だったが、これがなんと意次の弟ときているから、両者間の懸橋としてこのうえもなく便利だったわけだ。しかし意誠は安永二年の暮れに死んだ。すると今度は、息子の意致《おきむね》が代って親父の衣鉢《いはつ》をついだので、治済と意次のコミュニケーションに支障が生じることはなかった。

白河松平家へ田安定信を養子にやるという考えは、まず一橋治済の頭に兆した。そもそもは、定信の絢爛たる秀才ぶりが世に喧伝されるにつれて、治済が次第に不安になったことである。お互い仇敵視している両家の間柄で、先方にそんな輝かしい人材があらわれたとあっては、一橋家としてさきゆきまったく油断がならない。なにより、将軍家嗣子の家基に万一のことがあったさいには、血筋からいっても、世評からいっても、定信がその後釜にすわる公算が大きいのが問題である。ただでさえ眼ざわりな定信が、もしそんなことにでもなれば、一橋家の優勢はたちまちくつがえって、手も足もでない羽目に陥ることは火を見るより明らかだ。用心するに越したことはない。そこで、あらかじめ禍根を絶つために、なにかくふうはないものか、と思案する治済の頭にキラリと光のように射した天来の妙計が、定信の三卿の埒外への追落しであった。

意次が、この不気味な謀略家であり陰の権勢家である治済という男と、とにもかくにも、一枚噛んでいたことは否むべくもない。すでに彼の弟または甥が治済に仕える家老である。いや、そんな因縁はたとえなくても、彼としてこのさい治済の意向にしいてさからう理由もない。いまの一橋、田安両家の勢力の優劣は、天秤《てんびん》にかけるまでもなく、はるかに前者が凌いでいる。弱い者の肩をもつなぞ、巷の俠客かそこらの芝居見物衆の好みや言い草にまかせておけばよいことで、とても意次流の現実政治家にできることではない。治済はさりげなく話を持ちだした。意次もまた、さりげなく話を受けた。しかし、相手の話の裏が読めない意次ではない。「どうかのう、田安定信を白河松平の養子にやっては」という、ただそれだけの示唆から、治済の秘められたいやらしいまでの執念を、意次はちゃんと了解したのである。「よかろう」と彼は思う。「ここで治済に恩を売っておけば、やがてお釣りがくるだろう」、それが意次の腹だった。

ところで治済らのこの計画は、当人たち自身があきれかえるくらいに図にあたった。というのは、定信追落し後四年ほどたって、あろうことか将軍世子の家基が急死して、翌々天明元年（一七八一年）五月には治済の長男豊千代、後の第十一代将軍家斉がかわってその座にすえられたからである。しかも、この間に意次が果した役割は大きかった。すでに同年一月、将軍の命によって、意次主宰のもとに将軍職継承者たる世子の選定を行なうことが決められていた。これは大任ちゅうの大任である。しかし、ことはいわば筋書どおりに運んで、白羽の矢は一橋家の甍《いらか》に発止《はっし》と立った。豊千代の宗家入りにともなって、意次の甥意致もまた一橋家家老から豊千代すなわち家斉付御小姓組番頭格へ転任を拝命した。早くも次の将軍の身辺にまで意次の触手がのびた形である。

それはともかく、治済の得意や思うべしだし、同時に意次はこの功によって、将軍お手ずから銘刀一口《ひとふり》を下しおかれ、時衣《じふく》一揃いを賜わったほか、またまた一万石の加増にあずかるなぞ、まさに運命は順風満帆、その権力の座も金城湯池と化したかのようだった。事実、家基の死去と同じ安永八年に松平武元が他界してからは、意次の政治的視野を遮る暗影はもうどこにも見あたらなくなったのである。

白河の名君

定信が養父定邦の隠居にともなって越中守となり、白河十一万石の藩主になったのが天明三年十月十六日、例の大飢饉の最中という非常時なのに、藩の財政は窮乏の極にあって手の打ちようもないようなありさまだった。「殿は悪いときに家督をお継ぎなされましたな」と、老臣たちは眼をうるませて、まだ二十六歳の若い主人の不運に同情したが、しかし、難局はかえってこの青年藩主をふるいたたせるかのようだった。襲封の二日後、定信は家臣一同を集めて、断固藩政の改革を告げた。朝夕は一汁一菜、昼は一汁二菜、衣服蒲団は木綿にかぎるなど、率先して倹約の範を垂れるかたわら、飢饉対策として、越後はじめ東北諸藩、江戸、大坂、兵庫、浜松その他の各地で米、麦、稗《ひえ》の類を買い集めて白河に回送させ、その自讃するように、仙台、津軽領では多数にのぼった餓死者を、白河藩では一人もださなかったのである。

どうやら飢饉をうまく切り抜けたところで、定信は、さすが年少気鋭なだけに一息入れるいとまもなく、藩政の刷新、ことに農業の改革を精力的に進めてゆく。備荒貯穀施設の充実、耕作技術の改良、楮《こうぞ》、漆《うるし》、桑など加工農産物や植林の奨励、口べらしのための間引き《まび》（新生児殺し）の防止からさらに進んで領内の花嫁不足対策として越後の領地から娘を移住させるなど、その治績はたしかにめざましい。定信襲封のさいの白河城下の農民数十一万人余が十年後には三千五百人ほど増加したというのは、彼の政策的勝利を実証したものと言ってよい。

耕地を基礎にした封建制度のもとでは、農業人口の減少はすなわち生産力の減退であり、ひいて体制をゆるがす危険をはらんでいる。だから農村の荒廃こそ領主たちにとって第一の脅威だったのだが、じつはそれが当時全国いたる所におこっていた。「いま関東のちかき村々荒地多く出来たり、やうやう村には名主ひとりのこり」というようなことになり、安永九年から天明六年へかけてのわずか七年間に百四十万人もの人口が減少した。それがじつは、「みな死うせしにはあらず、只帳外《ちょうがい》（逃亡などによって人別帳から削られたもの）となり、又は出家山伏となり、または無宿となり、または江戸へ出て人別《にんべつ》（戸籍）にもいらず、さまよひありく徒とは成りにける」（『宇下人言《うげのひとごと》』）と、後年、定信自身が記しているように、人口の絶対的減少ではなくて、たぶんに、江戸や大坂などの大都市へ流れこむ農民の数がふえたということなのである。

どうやら、現代の悩みでもある人口の農村からの大都市集中の先例がここにもあるようだが、しかし封建的農業経済時代のそれが、現代とは比較にならない致命的意味をもっていたことは明らかだ。そんななかで、領内農民の人数をふやし、農業生産の増加をもたらした定信が、「名君」の誉れを高めたのは当然である。同時にその政治的自負と自信が大きくふくれあがるかたわら、同じような問題をかかえて四苦八苦している諸大名、なかでも譜代小藩の大名たちの眼がいっせいに彼にそそがれはじめたのである。

定信が徳川時代の為政者ちゅうの出色の一人だったことは疑いない。門地の高さは第一等であるうえに生れながらに才気煥発、十二歳のときに早くも自戒の書『自教鑑《じきょうかがみ》』を著したほどで、学識、文才は殿様芸の域を抜いており、十七歳までに和歌七千首を詠んだという秀才である。安永五年五月、定邦の長女峰姫と結婚したが、新婚のそのころにも、「一年のうちに、四百巻程読みたり。温公通《つ》鑑《がん》なんども、二たびかへして見侍りたり」というほどの読書人でもある。読書人は、ともするとそれだけのことにおわるか、せいぜい学者や物識りの範囲にとどまるのだが、定信はそうではなくて、政治家にとって必須の決断力や実行力をもあわせ持っている。「私儀幼より（八歳の此《ころ》より）天下の御為《おんため》仕《つかまつり》、輔位の賢相に可罷成《まかりなるべし》と奉存《ぞんじたてまつり》心願仕候……」とは彼自身の言葉だが、とすれば、物心つくかつかぬうちから、将来老中となって将軍の親政を輔翼したい一念に燃えていたということだから、これはなんとも早熟な恐るべき子供だったわけだ。初志はいまも変っていない。そして、白河治政の名声が高まるにつれて、定信のまわりに集まる同憂の士の頭数が急にふえはじめた。

定信党の結成

もっとも早く天明二、三年ころから定信に接近していたのが、本多忠籌《ただかず》（陸奥泉藩）、本多忠可《ただよし》（播磨《はりま》山崎藩）、戸田氏教《うじのり》（美濃《みの》大垣藩）、奥平昌男《まさとき》（豊前《ぶぜん》中津藩）、堀田正穀《まさよし》（近江宮川藩）、松平信享《のぶつら》（出羽上の山藩）らだったが、天明四、五年になると、これに松平信道《のぶみち》（伊勢亀山藩）、松平信明《のぶあきら》（三河吉田藩）、加納久周《ひさちか》(伊勢八田藩)、牧野忠精《ただきよ》(越後長岡藩)、牧野宣成《のぶしげ》(丹後田辺藩)、松平定奉《さだとも》(伊予今治《いまばり》藩)、有馬誉純《しげすみ》(越前丸岡藩)、松平忠告《ただつぐ》(摂津尼崎藩)らの面々が加わってくる。顔ぶれからわかるのは、彼らの多くが、徳川氏の覇業を大成するのにあずかって力のあった元勲門閥に属していることである。家康から家綱まで四代の政権は、これら門閥諸家の手に握られてきたのだが、五代綱吉のときの柳沢吉保の登場以来調子が狂って、いまの彼らは幕政参加の伝統的権利のうえに眠っている、というより、意次らによって政権から締めだされて、眠っているよりしかたがないでいたらくなのである。髀肉の嘆をかこつ彼らの胸中に憤懣やるかたないものがあったのも当然だ。

それに、これら譜代小藩主たちの立場が似たり寄ったりだった。天明三年をピークに慢性化した飢饉のうえに、くる年くる年旱魃、洪水、疫病などが入れかわり立ちかわっての御難つづきで、藩の財政の苦しさはひととおりでない。たとえば、本多忠籌のばあいのように、定信流に、藩主みずから爪に火をともすようにして倹約したことはもちろん、郷倉《ごうぐら》の建設、荒地の開墾、農民の保護などあれこれ手を打って、いくらか台所が楽になってホッとしたのもつかのま、またぞろ凶作に見舞われてもとの木阿弥、賽の河原の石積みみたいなことになるのである。こんなぐあいでは藩政そのものが崩壊する。これもつまりは、幕閣失政の罪だというふうに、彼らが考えるようになるのもぜひもない。だから、これら諸大名の集会は、はじめのころの風流趣味のつどいから、やがて時局を論ずる場になり、ついには打倒田沼を志す、かつて平家のころの鹿谷《ししがたに》の謀議のごときものに変っていった。そして、なかでも定信の意次に対する憎しみが、人一倍根深かったのは、すでにのべたようないきさつがあるからである。将軍の継嗣に一橋家の家斉が決定したことは、かねて予期したこととはいえ、やはり改めて定信を憤激させた。家斉のぼんくらにいったいなにができるのか。かりに自分があのまま田安にとどまっていて、彼にかわってやがて次代将軍職を継ぐようなことになったとしたら、きっとりっぱな政治ができたろう。人のいう「白河の仁政」を全国津々浦々に及ぼして、民を悲嘆と苦難のどん底から救いだすこともできたろう。

定信の眼は広大な天下に向って開いている。彼のような自尊心の強い、自信に満ちた、そして意欲的かつ積極的な男にとっては、白河藩一国の狭い埒内にちぢこまっていることは、手足を束縛されたも同然に苦痛なのである。自分をこんな小天地に追いこんで跼蹐《きょくせき》を余儀なくさせたのは誰なのか。誰でもない、執政田沼その人だ。その憎々しいイメージには、さらに一橋治済の陰の多い顔がオーバーラップする。相手はどれもこれも容易ならぬ大敵である。あえていまこれに刃むかうのは、蟷螂の斧をふるうに似ているかもしれないが、しかし、けっしてひるんではならない。断固巻き返して国家万民の安泰をはかるべきだと、彼は心に誓っていた。ここまで不退転の決意を固めている以上、その門地の高さからいっても、抜群の治績からいっても、彼が同憂の諸大名を率《ひき》いることになるのは当然だった。こうして松平定信を盟主にする政党らしいもの、あるいは派閥らしいものが結ばれていったのである。

二章　派閥と人脈

秘境大奥

意次ががんらい住んでいた下界は、もうはるかかなたに霞んでいる。山の頂上に近づくにつれて烈風寒風が吹きつのるように、彼への周囲の圧迫が増し、孤独感がひしひしと胸に迫ってくる。ここはもともと彼なぞ下賤の輩《やから》が犯してはならない聖域なのだ。身のほどを知らないこの侵入者のぐるりには、雷雨をはらんだ暗雲が低迷している。

事実、連枝《れんし》の徳川諸家のおおかたはこの成り上り者にすっかり睾丸《きんたま》を握られた恰好の将軍の気が知れないと苦りきっていたし、また譜代の門閥のお歴歴が、もともと自分たちのあいだでたらいまわしにしてきた政権を横からちょっと失敬したかたちの泥棒野郎を、芯から憎悪していたことはさきに書いたとおりである。政治家にかんじんなのは、自分の出所進退の汐時をはかることだという。微禄の御家人をふりだしに、とんとん拍子に老中にまでなったのだから、もう十分すぎるほど十分の出世で、すでに功成り名とげているのである。だとすれば、形勢不利と見たら、潔くこれまでとあきらめて、さっさと田園に帰って菊作りでもして閑暇を楽しめばよさそうなものだが、意次には毛頭そんな気はない。いや、一般にそんな淡白な心境では、とても偉い政治家にはなれないものらしい。

幕政下にあっては将軍こそが絶対かつ究極の専制者だから、まずその信任を得ないでは政権担当もなにもあったものではない。将軍の愛顧こそが生命の綱で一切合財の源だから、将軍家治の意を迎えるために、意次がどんなに心を砕いたかははかり知れない。ところが家治は、父家重とは大違いでけっして凡庸の器《うつわ》ではない。むしろ資質明敏の君主だったから、いくら意次が、当時の評判のように、「阿諛《あゆ》を以て付入《つけいり》、追々巧智を廻《めぐ》らし」たところで、とても彼の「聡明を壅蔽《ようへい》し」きれるものでない。

じつのところは、家治が意次の才能を見こんで、いっさいを任せきって、自由に腕をふるわせたということだが、世間はそうは見ない。意次が将軍をたぶらかして、すっかり自家薬籠ちゅうのものにしたように思っていた。意次が怪物視されるゆえんである。しかし、もちろん、彼は魔術師でも催眠術師でもない。あえて術というなら、それは粒々辛苦し、才能と勤勉と組織的観察によって計算し獲得した読心術とでもいうべきものだった。

政権を担当するうえに、長年の側近から政府へ入った、すなわち御側御用人兼老中という、いうなれば宮中府中を両股にかけた形こそ絶妙だった。彼は将軍については、だれよりもくわしい、豊富すぎるくらい豊富な知識をもっていた。その性格や意向はもちろん、こまごました趣味嗜好にいたるまでちゃんと心得ていたから、けっして壺をはずしはしない。

さて、家治が、「むしろ資質明敏の君主」だったと言っても、これにはいくらか注釈を要する。彼は九代将軍家重の長男だが、家重というのが生来ひ弱だったうえに、若いころから逸楽にふけり酒色におぼれた結果は、晩年には「口訥《とつ》にして言語を解すべからず」というていたらくだ。呂《ろ》律《れつ》がまわらず、なにを言っているのかわからないところへ、ただ御側御用人の大岡忠光だけが意味を解するというので、影の形に添うように、たえず側近にあって、将軍の意思を伝えたものだった。こんな次第で、宝暦十年（一七六〇年）家重はついに隠居して、家治が第十代将軍職を襲ったのだが、ときに彼は二十四歳。

家治はこんな父にくらべるとはるかに俊敏であり一種の剛気さささえもっていて、幼いころの彼を祖父の吉宗が眼を細めて可愛がりおおいに将来を期待したとはいうものの、なにしろ徳川も八代、九代とつづいた泰平の世の大奥の公武こきまぜた虚飾と繁文褥礼のなかで、寵を競う奥女中どもに日夜かしずかれ、甘やかされ放題に甘やかされて育った若君が、その生来のすぐれた資質をそこなわれずにすむはずがない。いつか、気ままで神経質で、むずかしいことや武張ったことが大嫌いで、老中らの鹿爪らしい口上に頭を悩ますよりは、好きな絵でも見たり画《か》いたりしていたいというふうの、いわゆる文弱型の将軍ができあがったのもぜひもない。こうして、しぜん政務はお気にいりの意次まかせになって、彼がいっさいを取りしきったというわけだ。

といって将軍の信任だけを頼りに、孤立して、幕政万端を存分に切り盛りできるものでもない。陰に陽に一丸となって意次を支持する味方がなくてはならないが、そうした与党勢力を培養するために彼は苦心惨澹してきたのだ。すでに要所要所には多くの腹心がおかれていた。と同時に、奥向《おくむき》から役向《やくむき》までいたるところに彼の手先がもぐりこんでいて、気脈は四方八方に通じていたから、いろんなことが手に取るようにわかるのだ。得た情報を吟味して先手先手と打っていくから、相手は、将軍はじめ閣僚らまでが、気を呑まれ、どうにも身動きできない心持になって、はては自分から進んで胸中をうちあけて、ますますのっぴきならなくなるような始末だった。

大奥を握る

徳川歴代の権臣たちが、ひどく苦心し閉口したのが大奥のあしらいかただ。将軍の寵をつなぎ権力の座を維持するためには、大奥を籠絡しなくてはならない。うっかり懐柔しそこなうと失脚が待っている、という不気味さだ。念のために言えば、千代田城の大奥とは、幕府政庁のあるのが表《おもて》、ついで官邸にあたる中奥になり、そのまたさきにある、将軍の妻妾が使う私邸ともいうべき場所だった。そして、中奥と大奥を区切る御錠口《おじょうぐち》の御杉戸《おすぎと》は、東西ベルリン間の牆壁さながらに、大奥を外界から遮断していた。こうして、大奥はまったくの別世界で、将軍の正室である御台所でさえ、生涯にただ一度だけ「御表拝見」という行事のさいに表の模様をかいま見るにすぎなかった。

大奥の男子禁制はもちろんで、火災その他の椿事でもないかぎり、男は大奥に入ってはいけない。ただし、唯一の例外が節分の夜だった。この日、老中、若年寄は登城して将軍に御祝儀を言上し、夜には老中が大奥に入り年男になって、「福は内、鬼は外」と呼びながら豆を撒くならしだったが、男珍しい奥女中どもが嬌声をあげて大騒ぎし、あげくは年男を幾度も胴揚げしてもみくちゃにするシンドさに、老人の老中諸公が閉口して、このヒーローの役を御留守居《おるすい》なぞにかわらせるようになった。当時側衆で三十なかばの意次が、たまたまこの代役にあたったのである。

その夜、意次は箕《み》のなかに弦掛升《つるかけます》をのせ、黒く煎《い》った大豆を山盛りにしたのを抱えて、大奥の御客座敷にあらわれた。「福は内、鬼は外」と彼は豆を撒く。自分の年齢に一つ加えた数を拾って、さっそくポリポリかじっている無邪気な少女もいたが、奥女中たちの多くがじっと黙ったままで、ふしぎと例年ほどにはこの場が湧き立たない。じつは、いつもの皺深い老人たちとは違って、今夜あらわれでたのが若い男で、熨斗目長上下《のしめながかみしも》の裾さばきもさわやかに、髪艶やかに色白で、きりりとひきしまった美貌が匂うばかりなので、みんなが思わず声を呑んでうっとりと見惚れていたわけだ。

ゆらい、大奥操縦の名手たちはみな色男である。綱吉時代の柳沢吉保しかり、家宣時代の能役者あがりの間部詮房《まなべあきふさ》しかり、そしていままた、家治側衆の意次しかりである。こんな機縁から、意次はやがて奥女中たちの偶像になり、なかでも家治の乳母あがりの、それだけに権勢絶大の御《お》年寄《としより》筆頭の松島にかくべつ気に入られて、秘密の相談まで受けるようになった。

ある日、松島から大奥御広敷《おひろしき》の一室に招かれてうちあけられたのは、すみやかに将軍のお世継ぎを儲けるために自分子飼いのお知保を側室に差し出したいということだった。なるほど、家治にはまだ家督をつぐべき男子がない。彼の正室、もと五十宮《いそのみや》倫子《ともこ》は閑院宮直仁《なおひと》親王の姫で元文三年（一七三八年）の生れ。寛延元年（一七四八年）に婚約がととのって、翌寛延二年二月京都を発《た》ち、翌月江戸に到着し、しばらく浜御殿で暮してから、宝暦三年（一七五三年）十一月十一日に結婚を披露、翌四年十二月に晴れて西の丸に輿入れした。新郎家治は十八歳、新婦倫子は一つ下の十七歳だった。

こんなぐあいに、正室を皇室または公卿から迎えるのが将軍家のならわしで、愛情の有無なぞとんとおかまいなしの政略結婚だったから、徳川歴代の夫人たちが不幸な生涯をおくりがちだったのもむしろあたりまえである。ところが、倫子のばあいだけは別で、家治との仲も睦まじく、やがて生れた姫を夫婦してめでいつくしむさまが、そこらのマイ・ホームの仕合せを絵にかいたようなぐあいだったのは、たしかに一つの異例と言ってよい。

この将軍家にはまれな結婚の幸福をもたらしたものはなんなのか。家治の気立ての良さ優しさはもちろんだが、なにより彼の身持ちが正しく、きょろきょろと美女を漁って夜ごと巫山《ふざん》の夢にふけるような趣味を持ちあわせていなかったことによるだろう。これは将軍として稀有のことだった。事実、徳川の将軍たちの妻妾は十人、二十人を越えるのが通例で、なかでも第十一代家斉のごときは側室四十人余という大豪ぶりを発揮したのだから、この点家治の清潔寡欲さがいちだんと目だつわけだ。

しかし、問題は男の子が生れないことだった。将軍家に世嗣がないとあっては、まことにゆゆしい次第だから、松島が意次に相談をもちかけたのが、ひたすらそれを憂えての忠義心からだけだったとすれば、むしろ天晴れの心掛けというべきだろう。しかし、じつのところは、彼女の内心には、自分の飼いならした女を将軍の閨房におくりこんで、首尾よく男子御誕生の日を迎えて、後の羽振りをきかせようという腹黒い野心もひそんでいたわけだ。だから、彼女の語り口にはなにか陰謀じみた余韻があって、さすがの意次もいささかたじろぎ気味だが、なにしろ相手は大奥随一の実力者である。いい加減にはあしらえないと同時に、その実力者からこれほどまでに見こまれたうえで、もし彼女の思惑どおりに事が運んだとしたら、それはつまりは自分にとってももっけのさいわいだろうと、これまた超弩級《ちょうどきゅう》の野心家である意次は計算するのだった。

その後、松島からの旨を含んで、恭々《うやうや》しく将軍の前に伺候した意次は、言おうとしては幾度か口ごもった。将軍家弥栄《いやさか》のためということではあるが、なにしろ、もともと家治は女性に淡白であるうえに、彼と相愛の御台所倫子にたいしても、これは憚りある言分だったからだ。いわば悪魔の使いを果たす意次の額にはちと汗さえにじんできたが、しかし、いまや黙ってすむことでもなかった。

「まこと畏れ多いきわみながら、天下万民のため、なにとぞこの儀お聴き入れ賜わりまするよう、切にお願い申し上げまする」

将軍は黙って天井をあおいだ。それから首をかしげて壁から畳を眺め、膝に手をおいた。とつおいつ思案しているふうだったが、

「わかった。なるほど世継ぎがなくては心もとない……」

「はっ、御意《ぎょい》にござりまする」

と、意次はあらためて平伏した。

「だが、主殿《とのも》にきくが、そちには妾《そばめ》がいるか」

将軍の質問に一瞬虚をつかれ、意次はあわてたが、

「はァ、まこと不調法で、まだそこまでは手がまわりませぬ」

すると家治は皮肉に笑って言った。

「それで余に側室をすすめるとはちと心もとないのう。ついでに、そちもどうじゃ。余一人では

心苦しい」

「御諚《ごじよう》かしこんで承知つかまつりました」

これはなんともおかしないきさつではあった。つまり、意次が妾をもつことを条件に将軍も側室をおこうというにほかならないからだ。その言葉は、いくらか冗談めいた調子とともに意次への友情らしいものを含んでいたから、彼は恐懼《きようく》感激した。ゆらい、徳川の将軍が自分の妾の使い古しを側近に与えたり押しつけたりした例はいくらもある。現に意次の父の意行も、将軍吉宗の妾の一人お満を下賜されてありがたく頂戴した名誉ある侍だった。しかし、君臣ともども妾をもつことを誓った、というようなことは意次のほかには例がない。それはともかく、こんなぐあいで、松島推奨のお知保は、宝暦十一年（一七六一年）八月、将軍お手付の中臈《ちゆうろう》になった。

将軍寝所のしきたり

大奥の政治的活動は固く禁じられていた。表向きのことに口をはさむことはもちろん、大奥の事情を外に知らせてもいけない。たとえば、ここに勤める奥女中たちは『奥女中誓詞』の一項によって、「奥方の儀、何事によらず、外様《そとさま》へ申すまじき事」と口にくつわをはめられているが、しかしいろんな情報が伝わらないではすまないことは、岩の襞《ひだ》から水の洩れ滴《した》たるも同然だった。将軍の正室、側室らの政治への容喙《ようかい》も、もちろん御法度だが、その予防措置というのがなんとも奇怪しごくなのである。なかでも、将軍閨房のカーテン・レクチュア、すなわち寝間の説法に対する警戒はかくべつで、それが制度化されたのは将軍綱吉のときからである。事情はこうだった。

ある夜、将軍綱吉の寝所に愛妾染子が召された。緋《ひ》縮緬《ちりめん》に金襴縁《ふち》取りの厚蒲団二枚を敷き、紅地白地の唐織《からおり》に鶴亀松竹梅あるいは鴛鴦《えんおう》のめでたい模様を縫取った五枚をうえに掛ける、というふうなのが将軍の寝床だったが、そんな豪華でぬくぬくとしたなかで、手を綱吉の首にまき白魚のような指を彼の鼻下のあたりに這わせた染子が、かねてねんごろな柳沢吉保のために甲府百万石をまんまとねだりとってしまった。御墨付は直筆であり、ちゃんと御朱印までおしてあって、疑いようもないから、たいへんな騒ぎになった。幸か不幸か、当の綱吉が急逝してことは成就しなかったが、これが幕府を衝撃したことはひととおりでなく、要路の知恵者たちが思案に思案を重ねて案出したのが次の方法だった。

案外、しち面倒くさいのが将軍の性生活だった。女性と寝たくなっても、おいそれとはいかない。宵のうちに中奥から大奥にその旨を伝えておかなくてはならない。表の御小姓または御納戸から奥の表使いをつうじて御年寄に沙汰する、という順序である。ご指名をうけた御中﨟は将軍お渡りの半刻《はんとき》（一時間）ほど前に、御添寝の中﨟に付きそわれて長局《ながつぼね》を出る。衣は白無垢、髪はかんざし無しの櫛巻き、おぼろな手燭の光に包まれてしずしずと過ぎてゆく姿を見送りながら、女中たちの多くがなぜかホッと吐息したとか……。

将軍御寝所の図

小座敷（将軍の寝所）には御年寄が待ちうけていて、まず御用を賜った御中臈の髪をといて、なかに凶器や怪文書の類が隠されていないかどうかを改め、それがすむと、御年寄、御添寝の御中臈および御坊主《おぼうず》ともども将軍のお成りを待つ。お成りののち、しばらく茶を喫し雑談などあって、いよいよ就寝となり、蒲団を敷くのだが、中央に将軍、その右に御用の御中臈。将軍の左に少し離れて御添寝の御中臈、御用の御中臈の右には御坊主という形。つまり、四人が床をならべるのだが、しかし、御用の御中臈だけが将軍のほうを向いて寝る。御添寝の御中臈と御坊主は将軍に背を向けて寝、けっして将軍のほうを見てはならないし、また眠ってもいけないのである。おまけに次の間には、御年寄ともう一人の御中臈が控えていて、耳を澄まして不寝番をしている。

こんなぐあいだとすると、将軍のばあい、ひそかなるべき閨房の痴戯愛撫が、いわば人前で行なわれねばならない、という非人間的なことになる。天下の将軍たる者、現代過密住宅の住人ではあるまいし、なにもそんな窮屈なめにあわなくてもと思われるが、将軍だからこそかえって、習い性となって、案外平気だったのかもしれない。かたわら、添寝の御中﨟や御坊主たちも、お役目とはいいながら、さぞかし芯が疲れたろう。御坊主とは名のとおり頭を丸め男物の着物、羽織姿ながら、実体は五十がらみの老女というのだから、このほうはまだしも、添寝の御中﨟は、お手付の若い女ときているから、まったくむごいようなものである。しかも、彼女の役目はそれだけではすまない。翌朝、別室に退いて、御年寄に、昨夜耳にしたいっさいをくわしく、たとえば「上様にははじめ御気欝のように拝せしも、ようように御機嫌晴れさせ給い、果ては珍しく御戯れまでありしこと、かくかくしかじかでござりまする」というぐあいに報告しなければならなかったが、御用の御中﨟自身もまた、同様の報告を求められた。すべてこれ、将軍に対する女性の口説《くぜつ》の危険を避け、かたがた世継ぎ決定のさいの証拠を固めるためだったという。なんともおおげさなことで、このばあい性が一種の行事化していたことは、牧場での馬の種つけ作業と同様である。

お知保の方

さて、これほどまでにしても、大奥はやはり一種の伏魔殿で、妖しい力で政治を呪縛しないではおかなかったから、幕府歴代の老中たちがおおいに頭を悩まし、いささか怖気《おぞけ》立ちながらも、なんとかこれをうまく操ろうとしたものだ。意次がそうだったことはもちろんである。彼が、お知保を家治側室に推挙して、大奥の権勢家松島をすっかりまるめこんで握手したいきさつはすでに述べた。

いまや将軍附《づき》御中﨟に出世したお知保の方は、宝暦十二年（一七六二年）十月千代田城本丸で長子竹千代を生んだ。御台所倫子が竹千代の養母になり、明和二年（一七六五年）竹千代は名を家基と改め、ついで明和六年十一月八歳で世子と定まって西の丸入りをした。こうして、お知保の方は、鳶《とんび》が鷹を生んだ以上の仕合せで、息子の昇進につれて彼女も「老女上席」から「御内証さま」へ、それからまた「御部屋さま」へと出世を重ねて、大奥に隠然たる勢力を張るにいたった。

お知保の方は津田宇右衛門信成の娘というほかは身分、素姓が明らかでない。歴代将軍の側室や愛妾にはこの種の身元のふたしかな卑しい女が案外多かった。一説によると、彼女は貧しい生家の暮しを支えるために、浮世絵からぬけでたような美貌と三味線や唄のうまいのをさいわいに、おりから大流行《はやり》の芸者見習いのようなことをしていたという。それを信成が哀れんで、引き取って自分の養女にし、縁故をたどって大奥に奉公させ、松島づきのお次《つぐ》（奥女中の職名）になったのが開運のきっかけだった。以後のお知保のめざましい出世ぶりはごらんのごとくである。

さて、将軍の側室にお知保を取りもったことから、自分までが妾をもたないではすまない羽目になった意次は、いささか戸惑った。高い悪名にもかかわらず彼は決して好色漢でも漁色家でもなかった。「女郎かいや妾《めかけ》てかけはあたりまえ」というのが当時の性道徳観だったから、意次の身分ともなれば、妾の二、三人おくことくらい誰に遠慮もいらなかったのだが、多元的な性生活を構えることにはあんまり気乗りがしなかった。そんな気質と体質の点で、彼は将軍家治その人に似ており、はじめから馬が合って終生かわらなかったのも、たぶんにそのせいであったろう。それはともかく将軍との約束にそむくわけにはいかない。それはむしろ命令と心得なくてはならない。だから、あんなひょんなことさえなかったら、模範的な夫として正妻だけを生涯守りとおしたかもしれない意次が、重い腰をあげて妾さがしをはじめるのだ。

しかし、こうなってからの、意次の眼のつけどころはさすがに彼流だった。彼は妾物色の範囲を狭斜《きょうしゃ》の巷、弦歌さんざめく界隈にしぼった。それも、いまや将軍側室としてときめくお知保の方が、かつて席に侍《はんべ》って芸を売ったという噂の旗亭《きてい》のあたりでなくてはならなかった。さよう、意次が内心望んだのは、お知保の方の古く親しい友達でありながら、しかも小股のきれあがった美人というむずかしい代物だったが、そんな恰好の女が、なんとある楊弓場《ようきゅうば》にでているのが見つかったのだから、彼は女にかけてもたしかに運が強い。

召しだし、千賀道有《どうゆう》という町医者を仮親にして、浜町の屋敷にかこった。さっそく、美々しく装わせて、大奥に送りこんで、お知保の方へ久しぶりの挨拶をさせたことはもちろんだが、ついでに、そこらいっぱいに贈物をばらまかせたうえに、御本尊はすこぶるの美男ときているから、いやでも「第一奥女中の贔屓《ひいき》強く」(『続談海』) ならないはずがない。意次はこんなふうに妾を使った。たとえ妾であっても無駄飯を食うべきではない。旧縁を手蔓《てづる》に、主人のために応分の働きを致すべきである、というのが意次の考え方だから、このへんにも彼の合理主義、実利主義の面目躍如たるものがあるようだ。しかし、そのすこぶる割切った行き方が、世間に悪口の種をまくことにもなるのである。すなわち、『続三王外記《しょくさんのうがいき》』は「津田夫人 (お知保の方) 識る所の女を求め、己れが妾となし、時々後宮に如《ゆ》き、夫人を候せしむ。其の至るや、侍女及び婢妾、皆贈遺有り」といい、また擬作《ぎさく》の『田沼意次罪状仰渡書《おおせわたしがき》』は「其方召仕の妾を願望の媒《なかだち》となし、度々登城仕まつらせ、数日逗留、其節は莫大の金帛《きんぱく》を相贈り、内外の親睦を結び置き候儀、人口《じんこう》を顧みざる致し方に候」といっている。

しかし、こんな非難が表沙汰になるのは、もっとずっとのちのことで、当時の意次はただただ運命の上げ潮に乗っている。お知保の方自身は、もちろん、自分の出世に手をかしてくれた意次を、以来ありがたい人と思っている。こうして、意次の大奥工作はみごと成功して、なんの懸念もなさそうに見えたのがとんだ間違いで、やがて彼はほかならぬお知保の方の執拗な敵意にひどく悩まされることになる。後宮にほの白く匂い咲いた日陰の花の毒気にあたって、この不死身の政治家が末期を早めるようなことにさえなるのである。

意次の人脈

安永八年、老中首座の松平武元が死に、内閣改造にあたって意次が打った至妙の一手は、首座の後任に老中次席松平輝高を、そのまた後任に松平康福を推し、つづいてそれぞれに一万石ずつの加増をはかってやったことだった。昇進と増秩とが、名誉と富とが、一時にころがりこんできたのだから、こたえられない。御両所とも意次の配慮を深く恩に着て、以後終始彼の提灯《ちょうちん》持ちをすることになったのもむべなるかなだ。この種の人心収攬術は意次が好んで用いたところだが、これはそもそも彼の体験に根ざしている。かつて松平武元の格別の好意によって加増一万石の恩命に浴したとき、彼の前に手をつき首を垂れ、思わず落涙して感謝した自分のことを意次は覚えていた。以来、武元にはまったく頭があがらなかったのだが、こんどは彼自身が、いわば武元から学び知ったこの手法を使って威力を増そうとしているのだ。

人心の機微を洞察する彼の眼は比類なく鋭敏だった。彼によれば、「徳は孤ならず、必ず隣り有り」とか、「桃李言《ものい》わずして、下おのずから蹊《みち》を成す」とかいうたぐいの儒学流の教えは、さっぱりわけのわからない唐人の寝言《ねごと》である。この世知辛い世の中、まして政界という修羅場では、黙念として独《ひと》り徳を積むばかりでは屁の突張りにもなりはしない。かんじんなのは、欲しがるものをくれてやる施主の力で、これさえあれば、列相以下百官、媚を呈して来り集《つど》うこと蟻の甘きにつくがごとし、というのが意次の人間観だった。

意次にひたすらゴマをすって望みを遂げた大名連には、めぼしいところで、彼に数千金を贈ってその地位にありついたという噂もっぱらの大老職・井伊直幸、老中・松平正允《まさすけ》、正允の死後奏者番《そうしやばん》に挙げられた例の松平武元の子の武寛《たけひろ》、それから若年寄から御側御用人、老中にまで出世した水野忠友《ただとも》らがいた。彼らが意次の周旋を多として、彼一辺倒になったのも無理はない。しかし、意次はこうした仲間を締めるタガとして、結婚政策をもあわせ用いる。

結婚が政治的連合や宥和のきわめて効果的な道具であることは古今東西の歴史が実証している。その具に供されたお市の方や和宮やマリー・アントアネットや和蕃公主《わばんこうしゆ》らの運命がどんな悲劇におわろうとおわるまいと、非情の政治はおかまいなしなのである。意次もまたこの手を用いたが、彼のばあい、それには独特のなんともたまらない醍醐味があった。というのは、元勲門閥層を尻目に権力の頂点に登るにつれて、ますます彼の心を締めつけ啄《ついば》むようになってきたのが、みずからの出身の賤しさだったからである。

彼の家柄については諸説紛々である。『翁草』によると、そもそもの始祖は大織冠鎌足公、血筋は俵藤太秀郷に連なり、秀郷から十代目の庄司成俊がはじめて佐野を称した。成俊の曽孫安房守吉水《よしみず》太郎国綱にいたって、その嫡流は佐野氏を名のり下野《しもつけ》佐野の城主で佐野宗綱と号した。国綱には数子があり、九男を九郎金綱といい、以後田沼を称し代々佐野家の家来だったが、佐野氏がほろんでからは、子孫の田沼専左衛門重意《しげおき》が紀州公に仕えた、という。

この血筋ならまだしもだが、三田村鳶魚《えんぎょ》氏の説くところでは、その祖先は下野佐野の百姓だったが、これが草相撲の手取りで四股名《しこな》を「田沼山」と言った。田沼山は、また、狩りが好きで鉄砲の名手でもあったところから、領主佐野氏の目にとまって持筒《もちづつ》足軽に取りたてられて、名を田沼十右衛門と改め、どうやら侍の下っぱになることができた。そのうち戦場に狩りだされて、そこでいかにも百姓出らしいとんだへまをやらかして浪人したが、元和《げんな》五年（一六一九年）徳川家康の八男頼宣《よりのぶ》が紀州侯に封ぜられたさいに、例の鉄砲上手がものを言って、鉄砲同心の職にありついた。その曽孫あるいは玄孫（曽孫の子）が意次だというのである。

しかし、譜代名門の諸大名に伍してみると、これら家系のいずれをとるにしても、いかにもお粗末でみすぼらしい。ほんらい、人間の血筋や家系なぞというものは、当人の器量や能力を占うについては、犬屋の犬の子の血統書ほどの値打ちもないはずだが、しかし、厳重なカースト制を柱にする封建社会では、身分こそが至高の価値なのである。そんななかで、意次が言わず語らず、どんなに劣等感に悩んだか——譜代の名門を抽《ぬき》んでて目もくらむばかりの高位をきわめるにつれて、出身の賤しさという心の傷がどんなに痛みだしたかは、たぶん読者諸賢にもわかっていただけるだろう。そんな意次にとっては、門閥との縁組こそが、この苦悩を癒すなによりの特効薬だったのである。

彼の嗣子意知《おきとも》は老中松平康福の娘をめとり、三男雄貞《かつさだ》は土方雄年《かつとし》の、四男忠徳《ただのり》は水野忠友の、七男隆祺《たかのり》は九鬼《くき》勝貞の養子になって、それぞれ先の女《むすめ》を妻とした。いずれも、由緒ある誉れ高い大名家ばかりである。意知は天明元年(一七八一年)に奏者番になり、同四年にはまだ三十代なかばの若さで若年寄に進み俸米五千俵を賜わった。弟の意誠、つづいてその子の意致は一橋家の家老である。一門の栄達、まさに望月の欠けたることのないおもむきだ。

意次の派閥は、こうして巧みに閨閥をないまぜながら、日ましにふくれてゆく。右手に将軍側近から幕閣を握り、左手で幕府の金蔵をおさえるというぐあいに、とくに要所をしっかりと固めた。すなわち、右にあげた閨閥のほか御側申次には稲葉正明、本郷泰行《やすゆき》、横田準松《のりとし》らの腹心がいる。勘定奉行の河井久敬《ひさたか》、赤井忠晶《ただあきら》、松本秀持《ひでもち》らは、いずれも意次に見こまれて、百俵、二百俵の微禄から破格の抜擢を受けた秀才大蔵官僚たちである。官界における昇進や役職が身分や禄高の多少にかかっていることが現代の学歴や門地如何《いかん》と比べようもなかった当時に、これだけ多くの人材登用を果断にやってのけたのは意次のほかほとんど例がないし、また彼なればこそできたことでもあったのだ。だから、目をかけられた彼らは、人生意気に感じて、親分のためには犬馬の労をいとわない。

江戸を離れた地方官で意次の息のかかっためぼしいところに、伏見奉行の小堀政方《まさみち》、長崎奉行の久世《くぜ》広民《ひろたみ》らの腕利きがいた。ことに後者は、当時オランダ人チチングが感心したほどの進歩派で、みずから吸いこんだ海外の新知識を意次に吹き送って、親分をおおいに啓発したという異色の能吏だった。まことに、意次派の布陣は広汎であり、戦略的であった。後年、意次の政権を奪った松平定信は、まるで鍾馗《しょうき》が疫鬼を退け魔を祓《はら》うていに意次一党を粛正したのだが、その数がなんと百人にも及んだというのだから、徳川歴代ちゅう空前絶後の大派閥にまで成長していたわけである。どのみち、彼が人に好かれたと同時に、彼もまた人を好いた、少なくとも好いたふうに見えた、ということになるだろう。

奇物奇人を愛す

意次は珍しいものを集めて喜んでいた。ことにオランダ渡来のウェールガラス（晴雨計）、テルモメートル（寒暖計）、ドンクルカームル（暗室写真鏡）、ゾンガラス（観日玉）などを集めて悦に入っていた。しかし、こんな器械類もおもしろいが、じつはそれより珍奇な人間、奇人や変人のほうがもっと彼の興味をそそるのである。それも、野に遺賢なからしむ、といったふうの鹿爪らしい意味からではなくて、そんな人間どもの奇想天外な意見や仕業が無性に愉快でたまらない。彼らが言ったり見せてくれたりすることから、なにかヒョイと政治的インスピレーションらしいものが脳裡にひらめいて、さっそく実行してみたくもなるのである。

すでに「異書を探り、奇思に耽《ふけ》る」ていの蘭学勃興の気運にあって、「和蘭風は世界を吹き渡り、固より此の儘熄《や》む可くもなかった」（徳富蘇峰『近世日本国民史・田沼時代』）のだが、しかし、まだ

「西洋の事は、仮初《かりそめ》にも唱ふる事はならぬ事にや」（杉田玄白『蘭学事始』）という危惧のあったご時世である。だから前野良沢、杉田玄白らが、オランダ語訳のドイツの解剖書『ターヘル・アナトミア』を翻訳するについても、まったくこわごわ、おっかなびっくりという次第だった。事実、すこし以前の明和二年（一七六五年）に後藤利春が出版した『紅毛談《おらんだばなし》』は、そのなかにオランダ語のアーベーセー二十五字が記されていたという理由で絶版のうきめにあっている。

いまは田沼様御執政の時代となって、なんだか春の日射しが雪を解くように、政治の肌触りが急にのんびりと明るく自由になったようだが、しかし油断はならない。という用心から、危険は玄白一人が背負うことにして、まず先に『解体約図』という予告編のごときものを出版して、官辺の反応をさぐってみたが、べつだんお咎めもない。それで、いよいよ安永三年（一七七四年）八月『ターヘル・アナトミア』の翻訳『解体新書』を刊行して、将軍家はじめ各老中、九条家、近衛家などにも献本

『解体新書』の銅版付図の扉絵

したところいずれも首尾よく嘉納された。危惧した罪を蒙るどころか無事すんだうえに褒められさえしたのだから、なんとも「難有御事《ありがたきこと》」ではあった。すなわち、蘇峰翁のいうように、「……前野、杉田等一派の蘭学者が、其恵《そのめぐみ》に浴したることは固《もと》より掩《おお》ふ可からざる事」(前掲書)だったのである。

意次が目をかけた変物の二番手は、仙台藩の医者の工藤平助である。彼はもともと一癖も二癖もある男で、薬箱などどこかにほったらかしにして、頭も剃《そ》らず刀を佩《お》び、武士同様の恰好で、師友を四方に求めて席の暖まるいとまがないというふうだった。長崎留学のおりに、オランダ人に師事して世界の情勢を聞いてからは、病人の脈より政治の脈を診るほうにすっかり熱心になった。その後、たまたま知りあった元松前藩士の浪人で湊源左衛門《みなとげんざえもん》という男から、蝦夷地《えぞち》にロシア人がしばしばあらわれて、内地商人との間に抜荷《ぬけに》(密貿易)がおこなわれていることを聞いた。たちまち、憂国の情勃然《ぼつぜん》たるものがあって、調査研究して『赤蝦夷風説考《あかえぞふうせつこう》』上下二巻を著した。

その趣旨は、わが国の北辺にロシア人が出没していることは、まず国防的見地から容易なことではない。目下のところ、彼らが武力攻撃を加えてきそうな気配はないが、けっして油断すべきでない。ロシア人の望んでいるのがさしあたり食料、薪炭の類であり、お互い必要な物資を有無あい通ずるということであるのをさいわい、現在行なわれている密貿易を、長崎のばあい同様に公認することが、蝦夷地を開発するとともに国の守りを固くするゆえんである、というのである。

これは、鎖国が国是である当時としては、すこぶる思いきった意見だった。

この『赤蝦夷風説考』ができあがったのが、天明三年正月のことである。警世の書であると同時に日本のとるべき外交政策への具体的献言というふうの著述であるから、平助がなんとかして幕閣当局の注意をひきたいと望んだのもむりはない。やっと手蔓を求めて、彼はこの本を、田沼家公用人の三浦庄二から勘定奉行の松本秀持を通じて、意次、すなわち幕府に奉った。幕閣がんらいの性格から考えると、国家の祖法を犯すような、こんなとんでもない意見なぞ、とてもかえりみられるはずはない。いや、悪くすると入牢くらい覚悟してしかるべきところを、意次があえてこの〝危険思想〟を幕議に上程して、その結果数十名の蝦夷地調査隊の派遣となったのだから、平助自身があきれかえると同時にいたく感銘したのも当然だ。『海国兵談』の著者林子平を厳罰に処した、後の松平定信の偏狭さとはうって変った意次の寛大さではあった。

平賀源内の像

平賀源内

しかし、奇物変物の尤《ゆう》なるもので、天馬空を行くようなのが平賀源内である。この源内が、先に述べた杉田玄白とたいへん親密だったのは奇縁奇遇というべきだろう。『蘭学事始《らんがくことはじめ》』には、「さて、つねづね平賀源内などと出会ひし時に語り合ひしは、追々見聞するところ、和蘭《おらんだ》実測窮理のことどもは驚き入りしことばかりなり……なにとぞその道を開くの道はあるまじきや」と、お互い紅毛文明の珍奇さに魅惑されて、なんとか事理をきわめたいとねがいながらも、「ただその及びがたきを嘆息せしは、毎度のことなりき」とある。

源内は、たんに玄白の友人だっただけでなく、「生れ得て理にさとく、敏才にしてよく時の人気に叶ひし生れ」と称賛し兄事したほどの鬼才だったが、とかく天才的性格の底にひそみがちな狂気と癇癖にわざわいされて、門人の久五郎をなぐり殺したことから、罪を得て獄死するにいたった。その死を悼んで玄白みずからが撰した墓碑銘には、「安永己亥《つちのとゐ》（八年）狂病人を殺す、獄に下る、十二月十八日疾《や》んで獄中に没す、時に五十一」と、その悲劇的末期が記されているのだが、そこへいたるまでの彼の人生くらい絢爛多彩なのは、ほかにちょっと比類がない。

源内は享保十四年（一七二九年）に讃州志度《さんしゅうしど》浦《うら》に生れた。幼時から非凡奇嬌、天狗《てんぐ》小僧の名があった。十九歳のときに、高松藩主松平頼恭《よりたか》に仕え、役目は御薬坊主《おくすりぼうず》で四人扶持《ふち》銀十枚を賜った。しかし、そんなことで、いつまでも郷里にじっとしているような性質ではない。宝暦二年（一七五二年）、二十四歳のときに、当時の文化郷である長崎におもむいた。そこで、オランダ語と技術を学んで舶来文化の息吹きを吸ったが、翌三年には江戸へでて田《た》村元雄《むらげんゆう》について物産学を修めた。

すでに彼は、高松藩に仕えていたころ藩医三好某から本草学《ほんぞうがく》（おもに医療用薬物を研究する学問）を授けられ、本草家としての素養があった。元雄門下に入ると、その俊敏聡明さは、嚢《のう》中の錐《きり》のたとえどおり、たちまち儕輩をぬいて、むしろ出藍の誉れがあった。彼は元雄の例にならって、宝暦九年（一七五九年）みずから主宰して湯島に薬品会を開いたが、この種の会の催されることこの前後五回をかぞえ、わが国産の珍奇な草木、鳥獣、魚介、昆虫、鉱石の類を集めて、分類し展覧した。いうなれば、後世の博覧会のはしりである。こんなことのために、源内は諸方を遊歴して薬草や物産の採取に努力し、本草学に関する研究書『物類品隲《ぶつるいひんしつ》』のほか数点を著述した。

しかし、このころまでの源内は、あいかわらず高松藩の藩士で俸禄を受けていた。彼は再三再四これを辞退したが、藩侯が許さない。四苦八苦してやっと士籍を脱したのが宝暦十一年九月のことで、以後は閑雲野鶴《かんうんやかく》の浪人の身となった。引く手はあまたであるが、二度と宮仕えをする気がないだけでなくて、妻帯さえしようとはしない。その心境は、「諸侯或は之を辟《め》す、皆な就《み》かずして曰く、人生適意を貴《たっと》ぶ、何んぞ復《ま》た五斗米《とべい》の為めに腰を折らん哉《や》。人或は妻《めと》を娶らんことを勧む。則ち曰く、今我四方に家す。何んぞ更らに之が累《るい》を求めむ、終《つい》に娶らず」（墓碑銘）とある。つまり、わずかばかりの禄や荷厄介な女房に自由を束縛されるのがなにより苦痛で、ただただすき勝手をして奔放自在に生きていきたいのである。

こういう次第で、藩の鎖を解かれた後の源内の活動にはいよいよ奇想天外なおもむきが加わって、平線儀（測量器械）や火浣布（耐火布）やエレキテル（摩擦電気器械）など、やたらと奇妙きてれつな発明や製作をやってのけて、世間をびっくり仰天させた。かと思うと、今度は仙台伊達侯や秋田佐竹侯に頼まれて、それら領内の鉄山や銅山の調査開発にあたったり、あるいは天草の土で陶器をつくり海外に輸出して国益をはかるべきだと幕府に建白したり、といったぐあいだから、お家芸の物産家、本草家はむろんのこと科学者または鉱山師《やまし》として、その多面多彩な活躍ぶりはまったくめまぐるしいばかりである。

ところで、まだまだそれでもおわらないのが源内の源内たるゆえんで、紅毛大通辞（オランダ語の大通訳）そこのけの巧みさで加比丹《キャピタン》の舌を巻かせたほどの語学の達人であり、大胆不敵な抜荷《ぬけに》の買手であり、不平不満を痰《たん》のように吐きちらす『放屁論』や『痿陰隠逸伝《なえまらいんいつでん》』のエッセイスト、『神《しん》霊矢口渡《れいやぐちのわたし》』や『荒御霊新田神徳《あらみたまにったのしんとく》』の戯作者であり、おまけに油絵画家でさえあった。まさに万能の人で、例の墓碑銘には、「ああ、非常の人、非常の事を好み、行うも是れ非常、何んぞ非常の死なる」とある。

天明前後のころというのは、文化史的に見て、ちょっとふしぎな時代である。当時は、上田秋成が言ったように、「芸技諸道さかんにして湧くが如く」で、たとえば平賀源内はじめ柳沢淇園《きえん》、横井也有《やゆう》、与謝蕪村《よさのぶそん》、大田南畝《なんぽ》、池大雅らの活動が芸壇を光彩陸離たらしめていたが、そこでふしぎというのは、彼らの多くが一技の士でなくて、書画、俳諧、詩文などのもろもろにわたる多芸多才の文人だったことだ。淇園の才能は篆刻《てんこく》、鼓、三味線、河東節、俳諧、香道、南画なんでもござれ式であり、蕪村は傑出した俳人であるとともに文人画家でもあり、また南畝こと蜀山人は狂歌と戯文で鳴っている。彼らが独創的でありながらも多方面であったことは、おおげさに言えば、レオナルド・ダ・ヴィンチらに象徴されるルネサンス人を彷彿させる。なかでも典型的なのが源内だが、さて、ここらで彼と意次とのであいに筆を移そう。

源内がはじめて田沼邸の門をくぐったのは宝暦八年（一七五八年）、意次がやっと万石の列に入ったばっかりで、源内が二十九歳のときだった。紹介者は例の田沼家公用人の三浦庄二である。意次の蘭癖、つまりオランダ好みと舶来品蒐集癖に乗じて、時の権力者の畢丸を握って、なんとか志を伸ばしたいというのが源内の腹だった。

「意次の周辺には、種々の雑輩が群がり来った。而して源内も亦其の一人であった……其の節田沼は彼を饗し、帰らんとするに際し、手づから砂糖折を与へた。源内は之を架上に措《お》き、半月許《ばか》りの後、之を開いたが、其底には小判百両蔵してあった。此に於て源内も田沼の知遇に感じ、その為めに骨を惜しまず、画策し、田沼も亦た資を給して源内に其の工夫を実地に応用せしめた」

とは蘇峰翁の伝える話である。このときの意次はまだ側衆にすぎなかったが、以来ながくこの「もともと恒産無し、之を以て嚢中しばしば空し」（墓碑銘）い浪人者のめんどうをみており、明和六年（一七六九年）にはとくに源内に〃オランダ本草翻訳御用〃という役を与えて、再度の長崎遊学の望みをかなえてやっている。源内が勇躍して南下したことはもちろんである。長崎でしばらく紅毛南蛮の風にあたってから、奇書珍品の類をたずさえて、また江戸へ帰ってきたが、そのさいのスポンサー意次への土産が前代未聞のなんともおかしなものだった。

「源内は長崎より程なく江戸表へ着《つき》て、手を廻して求めたる道具どもを知る人へ土産として贈りし。その中に雲中を乗る大船あり……此雲中飛行船は紅毛の細工にして長崎へも来らぬ珍器也。然るに源内密かに蕃人へ便りて此度買取、船を畳んで荷物にして江戸表へ持参して、神田橋辺の御大名へ土産として遣しけるとなり（神田橋の大名は田沼主殿頭なるべし）」（『平賀鳩渓実記』）

とある。この噂はみるみる江戸じゅうにふくらんだが、ではたして例の飛行船がみごとふくらんで、江戸の大空を飛んだかどうかは不明である。

ともかく、意次はこんなぐあいにいろんな種類の天才、奇才を愛して、よくめんどうをみた。といって、彼らの学問や才能それ自体を愛したというよりは、むしろ源内のいう「御国益にも相成候」ことを、意次は役立てたかったのだ。田村元雄は宝暦ちゅうに挙げられて幕府の医官になり、人参《にんじん》栽培事業の管理をまかせられたが、それはつまり、元雄の本草学の知識を、そんなふうに利用したというにほかならない。蘭学者たちや工藤平助流の警世家や本田利明、田村元雄、それに源内のような実学者たちの意見と才能が、政治のゆくてを照らす灯火として、あるいは現実に政策を推進する力として、意次には必要だったのである。こんなふうに多種多様のブレーンを活用した政治家は、幕府歴代これまたほかには見あたらない。

こうして、意次の周囲には、縁者、同僚、配下、ブレーンなど、さまざまな方面のさまざまな人間が雲集していた。なにしろ彼は人使いの一大手腕家である。智を使い勇を使うはむろんのこと、貪を使い愚をも使うというふうで、いつか結ばれふくれあがった一味一党は、彼の勢力の絶頂期の天明三年のころには、さながら一大山脈も同様、巍然《ぎぜん》としてそびえ峨々としてつらなり、とうてい抜くべからざる偉容を誇るまでにいたっていたのである。

三章　政治の仕事師

倹約令の布達

意次が大名に列したのが四十歳、御側御用人になったのが四十九歳、ついで老中格が五十一歳、老中の座についたときにはすでに五十四歳である。破天荒の出世とはいえ、年齢から言えば、もはや夢多き青年ではない。四十歳をもって初老とした当時では、むしろ成熟した老宰相というところである。しかし、彼はちっとも老いこんではいない。活動欲はかえってふつふつとたぎりたっている。この野心家がかねて待望の入閣をとげて、存分に国政を料理する日がやっと到来したのだ。時局はたしかにきわめて困難である。だからこそ、いっそう闘志が湧くというものだ。こんなところで、彼は前任者の大岡忠光とはちがっている。忠光は将軍家重の御側御用人として威権すこぶる強大だったが、それを頼んで政治を左右しようとはしなかった。仕事をするにも、その役職と禄高の分限を越えないように心がけた。だから、権力者だったにかかわらず、かくべつ悪口を言われない。意次はその反対だ。しきりに経綸を行なった結果がごうごうたる非難を浴び、悪名をいまに残している。遅れず、休まず、働かずとか、百点より七十点の仕事ぶりを心がけておちどのないのがかんじんとかいう、官僚保身の常道からいえば、忠光こそが典型で、意次はとんだ桁はずれということになるだろう。

意次は老中格になった翌々年の明和八年(一七七一年)に厳重な倹約令を布達した。財政難は中央政府から地方の諸大名に通ずる当時の一大疾患だった。改革やら作興やらで、粒々辛苦の末やっと赤字財政のつじつまが合いさえすれば、それでもうりっぱな明君というわけで、さきにすぐれた養子の例としてあげた肥後の細川重賢《しげかた》、紀州の徳川治貞《はるさだ》、米沢の上杉治憲《はるのり》、長防二州の毛利重就《しげなり》らが、わずかにその標本になっている。

ところで幕府財政の困難は、規模からいっても深刻さからいっても、諸大名のばあいとは比較にならないのだが、しかもかくべつの奇手や妙法があるわけもない。なにはともあれ、まず倹約ということで、内外いっさいの経費を緊縮し、幕府の台所料理の献立から筆・墨・紙の節減、畳表の張り替えは五ヵ年たつまでは認めないなど、事こまかに定めた。これは、とりあえず吉宗流を踏襲したやり口だが、おかげで世間には不景気風が吹きまくって、町人たちが不平たらたらだったことが次の落首の類からわかる。国家の困難を乗り切るために、上下心を一にして倹約を、と政府が真剣によびかけても、民衆はなかなか真剣には応じない。

是《これ》や此《この》酒も料理もへらされて
　へるもへらぬも御湯漬《おゆづけ》のはら
見渡せは酒も肴《さかな》もなかりけり
　裏店《うらだな》めきし秋の夕暮
まな板は重《かさね》たままに干上《ひあがっ》て
　井戸の水まで溜めて倹約

ついでの話だが、落首・落書の類がこのころから急にふえてきた。のんきで、楽天的で、人を小馬鹿にしたようで、官憲もなにも眼中にない調子だ。たとえば、当時の〝物は付《づけ》〟にも、こんなのがある。

田沼と懸《かけ》て　みそすりととく
　意ハ　ひとりかきまわす
町与力同心と懸て　下手あんまととく
　意ハ　むせうにつかみたがる
運上《うんじょう》（税）請負人と懸て　おほかみととく

意ハ　人の骨をかじる

政治を嘲《あざけ》り、時勢を諷し、不平を吐きちらし、文明を批評することごらんのごとくだが、これはひとつには民権伸長の兆しだし、またひとつには、意次の自由な政治的態度がこの放埒さを招いて、反政府的言論を助長するという皮肉なことにもなっていたのである。

ところで、意次はこの倹約令の成功を期待していたわけではない。これはすでに使いふるされた政策である。なにより、将軍吉宗が叱咤《しった》号令した緊縮政策が結局は失敗におわったことを、現にその目で見て知っている。およそどんな政策にせよ法令にせよ、民衆がそれに共鳴し協力するようでなくては、とても効果はあがらない。民衆に茶化され鼻の先であしらわれるようでは、はなはだ困るうえに、進んで趣旨を体し法令を守って率先垂範すべき役人ども自体のなかに、公金を浪費したり賄賂をむさぼったりで、奢侈《しゃし》にふけり贅沢三昧《ぜいたくざんまい》している手あいが多いのだから、これはもうどうしようもないというほかはなかった。

貨幣の魅惑

さて、こんな次第で、経費の切りつめ、支出の節約によって、貢租の減少、歳入の不足を補えない以上、他の方法で収入の増加をはかるほかはないと考えて、意次がまず手をつけたのが貨幣である。綱吉のころから、幕府は財政のゆきづまり打開の切札として貨幣を改鋳、新鋳してきたが、意次もまたその手で一時を弥縫《びほう》しようとし、ときの勘定奉行河井久敬の献策を用いて造幣に着手した。しかし、彼が改鋳を避けて、新鋳に終始したことは注意されてよい。いったい通貨とはなにか、それにどんな操作を加えたら、どんな結果が生れるのか。まことに、「恋愛ですら貨幣の本質の詮索ほどには人を愚物にはしなかった」(カール・マルクス)というほどだから、さっぱりえたいが知れない。まして現代のような経済、財政学の知識なぞありようもない当時だから、政治家たちはもっぱら勘と実地でやってゆくほかはなかったのだ。

意次の目のまえには、綱吉政府の勘定奉行荻原重秀《しげひで》の先例があった。重秀はなかなか切れ者の理財家で、どうしようもなくなってきた財政のゆきづまりを、貨幣改鋳によって切り抜けようとした。徳川幕府開設以来はじめてのことだ。すなわち、慶長金の金含有量85・6%を56・4%に減らすなどして得た元禄金銀との差額五百万両を国庫に繰りいれて、やっと一息ついた。それはよかったが、かたわら世間では、江戸開府以来かつてない変な現象がおこってきた。諸大名はじめその家来、旗本、御家人たちのふところぐあいが急に暖かになった。というのも、受ける年貢米の値があがったからだが、しかし、どこの誰よりも潤ったのが三都の大商人どもで、みるみる金《かね》の脂に肥え太った。

土木はおこり、建築ははじまり、猿楽は流行し、芝居は繁盛する。そこで吉原には、本田、井伊らの大名はじめ高禄の旗本衆が流連《いつづけ》し、紀文、奈良茂《ならも》らの豪商連が小判、小粒の雨を降らせて酒池肉林の遊びをする。絢爛華美が一世をふうびして、いわゆる元禄の時代模様を描きだすのだが、これがじつは老中柳沢吉保を後楯にして荻原重秀が苦しまぎれにやった貨幣改鋳の結果で、ご当人たちが意識せず意図せぬままにインフレーション政策によって景気を刺激したというわけだ。最近のはやり言葉であるイザナギ景気というのも、どうやらインフレの土壌に培われて咲きでたけばけばしい徒花《あだばな》のようであり、それがなんだかあの時代にそっくりだから、いまを昭和元禄とは、奇しくも名づけたるものかな、と感心する。

ところで、元禄の気違いじみた好景気に酔いしれていたのは、じつは社会のほんの一部分にすぎない。なにしろ、重秀の手がけた金銀貨の改鋳とは、つまり悪貨が多量に出まわることにほかならない。当然物価は高騰して、百姓、小商人、職人らの勤労大衆を苦しめる。それに、はじめは好景気のおこぼれをいくらか頂戴して悦に入っていた旗本、御家人、各藩の家来たちも、やがて物価高の猛威に脅かされて苦しみだし、それが小身者ほどはなはだしいというにいたっては、世間には陰惨な風が吹き渡り、政道を呪い罵る声が巷に満つるのもむりはない。こうなると非難されるのが、ときの政府当局者、つまり元禄では吉保、重秀らで、つぎに待っているのが没落である。ことに重秀は、やがて抬頭した新井白石に完膚なきまでに弾劾されて、彼が鋳た悪名高い元禄金銀は再度鋳潰され、慶長の古制に還った正徳金、享保金などが世にでることになった。

以上が、意次以前数代の、まだなまなましい貨幣史のあらましである。荻原財政の悲惨な末路を見ては、殷鑑《いんかん》遠からずで、とても貨幣の改鋳なぞ縁起でもない。これは敬遠するにしても、と言って、さしあたりの財政窮乏をどうやってしのぐのか。金をいじるほかはないのではないか。がんらい貨幣は、財政家を蠱惑《こわく》するふしぎな魅力をもっている。魅せられて、意次が手をだしたのが、貨幣の新鋳だった。

明和二年（一七六五年）、意次の政府は「五匁銀《もんめぎん》」をだした。そして、それまでは銀は重さをはかってその値段だけの相場に通用していたのを改めて、明和四年からは金一両につき「五匁銀」十二個と定めた。つまり秤量貨幣を法定貨幣に変更して取引の不便を除いたわけで、これは貨幣制度に対する彼の画期的な功績だった。安永元年（一七七二年）にでた「二朱銀」またしかりで、一両につき八枚と定められた。

しかし、意次の政府は、こんな制度的貢献の半面には、亀戸、銀座あたりで盛んに悪銭を鋳造した。なかでももっとも評判の悪かったのが明和五年（一七六八年）に大量に鋳造した四文の真鍮《しんちゆう》銭で、幕府はその劣悪な品質を無理じいに、「右真鍮銭壱文にて、並銭四文之代りに相用《あいもちい》、国々に至迄無差支様《いたるまでさしつかえなきよう》、可令通用者《つうようせしむべき》也」ときびしく発令した。例の「二朱銀」もまた品質がよくない。だから金に対して打歩《うちぶ》（プレミアム）を生じた。結果は、それまで流通していた銅銭から小判・小粒までの良貨は退蔵されてあとを絶ち、悪貨の「四文銭」や「二朱銀」ばっかりが出まわった。

いかにお上の威光をもってしても、この勢いを阻止できなかったから、幕府はおどろきあわてた。「悪貨は良貨を駆逐す」とのグレシャムの法則を、彼らははじめて体得させられたのである。

四文銭落書

ちかき頃青海鳥といふあく鳥出る、もとは田の沼より出る、亀井戸辺より多く生ず、町中飛びあるき、民家へゆけば早々おひ出す、毛黄にして、うしろに青海波をおふ（裏面の模様がこうなっている）、なくこゑ四文四文といふ……

四文銭色はうこんでよけれども
かはいや後はなみの一文

さて、こんな落書がでるほどに不人気きわまる悪銭を、なんと一億五七四二万五三六二枚も鋳造したのだからたまらない。銭価はつるべ落しに下落し、したがって物価は天井知らずに騰貴して、庶民の苦しみはひととおりでない。なるほど旗本、御家人や諸藩の武士たちはさきにもふれたように、俸禄を米で渡されるのだから、米価がほどほどに騰貴するのは結構なのだが、がんらいありあまって売り払うほど潤沢にはもらっていない。いったん米を売払ったのち、その他の生活必需品とあわせて米を買って食っているのが十中の八、九だったから、物価の騰貴はてきめんに骨身にこたえる。

なみの武士階級でさえそうだから、その日暮しの水呑百姓、素町人らの困りかたはひどかった。いうところの悪性インフレである。せっかく荻原重秀流の改鋳策を避けて新鋳一本で進みながら、同じ激しいインフレの物価高を招いて庶民の怨嗟のまとになったのだから、意次としては不本意であると同時に意外でもあったろう。しかし「四文銭」が悪銭であることはもちろん「二朱銀」の質もまた劣っているうえに、それらがやたら大量に出まわったとあっては、どのみちこうなって、重秀の二の舞いのインフレを招くほかはなかったのである。

山師運上

ともあれ、貨幣鋳造を手はじめに、意次は次々と積極策を打ちだしてゆく。あらゆる手段を講じて、なんとか経済と財政を建てなおすことが彼の悲願であり執念だ。だから彼には平賀源内流の山師がぜひとも必要であり、また、そのゆえに彼らを愛し、たいせつにしたのである。当時の山師とは、たんに金、銀、銅山とか鉄山とかのみにかかわるのではない。あらゆる利用厚生の道に、新奇な知識や工夫をもたらすものを指したのだ。意次は進んで彼ら山師連中の意見に耳を傾けながら、土地の開墾、鉱山の採掘、各種の座(政府の専売)、問屋(民間専売)および種々の運上(営業税の類)などの財源の開拓と増強をめざして政策を展開してゆく。その気宇は雄大であり、その着手は放胆である。いうなれば、意次こそ山師ちゅうの山師、比類ない大山師であったのだ。

土地開墾というのが、おもなのは下総の印旛沼《いんばぬま》、手賀沼《てがぬま》のことで、計画はすでに将軍吉宗の治世の享保九年からはじまっていた。印旛沼の水を海に放って、水を治め、新田をおこし、あわせて運輸の便をはかろうというのである。享保年間、手賀沼の治水利水によって二万石ほどの新田ができたのに力を得て、さらに計画を総合大規模化して遂行しようという気運が、意次の時代になって、熟してきたのである。その費用数万両は、大坂の天王寺屋藤八郎、江戸浅草の長谷川新五郎らの豪商の投資によることと決まり、幕府では、ときの勘定奉行の松本秀持と赤井忠晶の二人にこの計画を主管させた。たまたま天明三年、浅間山の大噴火のさいに、利根川が氾濫して沿岸四十余村が水害をこうむるなどのことがあってからは、いよいよこれらの治水開墾計画に政府の腰がはいってきた。

鉱山資源の調査開発もまた、以前から着手されていたことだが、意次はとくにこれに熱心で、金、銀、銅、鉄、鉛など、掘れるものならなんでも掘りまくるほどの意気ごみで、採掘と増産を奨励した。なかでも貨幣の鋳造と輸出引当てに、銅の増産にはおおわらわで、強引にすぎて世の非難をあびることもあった。たとえば吉野の金峯山の試掘は、由緒も美観もおかまいなしに、樹を切り倒し土を削って、焼けただれたようなむざんな山肌をさらけだしたあげくが、持主醍醐《だいご》三《さん》宝院門跡《ぼういんもんぜき》からきつい横槍が入って、ついに沙汰やみになってしまった。そんなとき、案外あっさり手をひいてこだわらないようなところが、これまた意次の政治の一特色でもあった。

明和三年（一七六六年）には大坂に銅座を設けて、産銅から取引までのいっさいを幕府が独占して歳入の増加をはかった。銅は乾鮑《ほしあわび》、ふかのひれ、煎海鼠《いりこ》などの俵物《たわらもの》とともにもっとも重要な支那むけ輸出商品だっただけに、その生産および流通はきびしく管理されたわけだ。しかし、この種の座または会所（取引所または事務所）が金、銀、人参、朱、竜脳、明礬《みょうばん》、石灰などについても、前後して設けられたし、また別に硫黄、油などの問屋も指定された。かたわら、酒、醤油、酢をはじめほとんどあらゆる営業に運上、冥加金を課して上納せしめた。ただし、輸出品の大宗である煎海鼠、乾鮑、昆布などの海産物には、運上を免除して増産をはかるという、なかなか気のきいた弾力的措置を講じもしたが、しかし、これは例外で、蚤《のみ》取り眼《まなこ》で微細な税源まで探しまわりほじくりだしたことは、いまの政府とかわらない。はては隠売女《かくしばいじょ》、つまり私娼にまで目をつけた。

売女いろいろ

さきに大奥の寝間をのぞいたふりあいもあるので、ここでちょっと巷のその方面の模様を見てみよう。吉原や江戸四宿（品川宿、板橋宿、千住宿、新宿）の宿場女郎は公娼または準公娼といったところだが、これとは別に隠売女がいたるところに散在していて、これにはいろんな種類があった。たとえば、まずけころというのがあった。そのおこりは、

「浅草、両国、橋町、石町辺にて、ころび芸者と唱へ、百疋づつにて（一疋は二十五文）、ころび寝の枕席したる者ありし故、この名あり。けころの名は、蹴転《けころ》ばしの義なり」（『蜘蛛の糸巻』）というのだが、やがては茶汲女《ちゃくみおんな》の体《てい》をして見世を張り客をひっぱるようになった。「しろ物は大年間あり、中年あり、新造あり、なんでも撰取《えりどり》二百文」だが、「是を見る人、牛ならば涎を流し、馬ならば太鼓を打つ」ほどの美人もいたという（『山下新談』）。

変ったところで比丘尼《びくに》というのがあった。

「比丘尼といへる一種の妖物は、如是我聞《にょぜがもん》的菩提心あればこそ、円頂黒衣の使徒となりし身に似気なく、手には念珠をつまぐり、口には艶言を吐く……」（『花知留作登《はなちるさと》』）。

比丘尼は別名マルタとも称し、きまった場所で商売するより、多くは出張して行なった。また、提重《さげじゅう》、すなわち重箱をさげて物を売るようなふうをして、そこらをうろついて色を売るたぐい、あるいは地獄、夜鷹なぞと聞くからにおそろしげなのが、くらやみから男の袖をひっぱった。さらに、違ったところで、

「船饅頭《まんじゅう》とて、深川吉永町に軒をつらねたるもの、夜に入れば、船に一人づつ乗りて、所々川岸、或は高瀬船に色を売る」（『蜘蛛の糸巻』）というのもあった。

小林多喜二の『蟹工船』のはじめに、漁夫と沖売の女との対話が書いてある。

「〃おい饅頭、饅頭！〃ずウと隅の方から誰か大声で叫んだ。〃ハアイ……〃こんな処でめずらし

い女のよく通る澄んだ声で返事をした。〝幾《なん》ぼですか？〟〝幾《なん》ぼ？　二つもあったら不具だべよ。――お饅頭、お饅頭！〟――急にワッと笑い声が起った」。

つまり、ここで饅頭とは女性性器をさしているのだが、この比喩の来歴はじつはずいぶんと古いようで、慶安のころに（一六四八―五一年）浅草鶴屋のおよねという女がはじめて饅頭をつくったが、これがいつか吉原女郎の隠し所と結びついた。それもいまのようにまんまるでなく、いくらか長目だったから、形のうえからいっそう結びつきやすかったのだろう。図は振売《ふりうり》の饅頭屋のすがただが、文句は

「こりゃ朝草《あさくさ》にかくれもない、およねのまんぢう、壱つめし、わっておみやれ、うへはむっくり、むくむくとして、なかほっこりと、あたたかで、やわらかで、あじがようて、あんはあづきのこまめでござるは」

というのだから、だいぶエロチックで饅頭の広告か女郎の広告かわからない。

それはさておき、こんな各種各様の隠売女がもっともはびこったのが、いわゆる田沼時代の天明のころだった。これらの女が巣くう場所を俗に岡場所と言ったが、それらは江戸では回向院前、牛込赤城の社内、芝神明の社内、本郷の大根畑、丸山片町、深川の清住町、芝の田町、本所の亀沢町のほか随所にちらばっており、泊りで二朱（一両の四分の一）、チョンノマが半（五十文）くらいが相場だった。しかし、こうした岡場所の売春ががんらい公然と許されていたわけではない。そ

れどころか、綱吉のころから正徳、享保および寛保の各代にわたっていくども厳禁の布告がだされている。たとえば享保七年には「隠売女いたし候もの、身上に応じ過料の上、百日手鎖……」と定めて処罰し、翌年には「隠売女ども、三ヵ年のうち、新吉原へ取らせ遣す」などの措置を講じている。しかし、さっぱり効果があがらなかったのが実情だ。

ところで、意次の政府は、こうしたいきさつから言えば、とんでもない思いきったことをやってのけた。というのは、まるで蝿みたいに追っても払ってもなくならない隠売女の存在を一つの有望な財源とにらんで、そんな界隈、いわゆる岡場所のもよりのところに自身番（番所、町内の出来事を処理する）をおき、「上納会所」と記した看板をつるして、生臭い税を取りたてたのである。しかし、こうして、税を納めるとなると、いままではオッカナビックリのもぐり売春も、これで天下晴れての正業というわけだ。業者は悠々胸を張って、御上納屋敷、つまり納税者宅といったような文字を地境の杭や提灯、行灯《あんどん》など

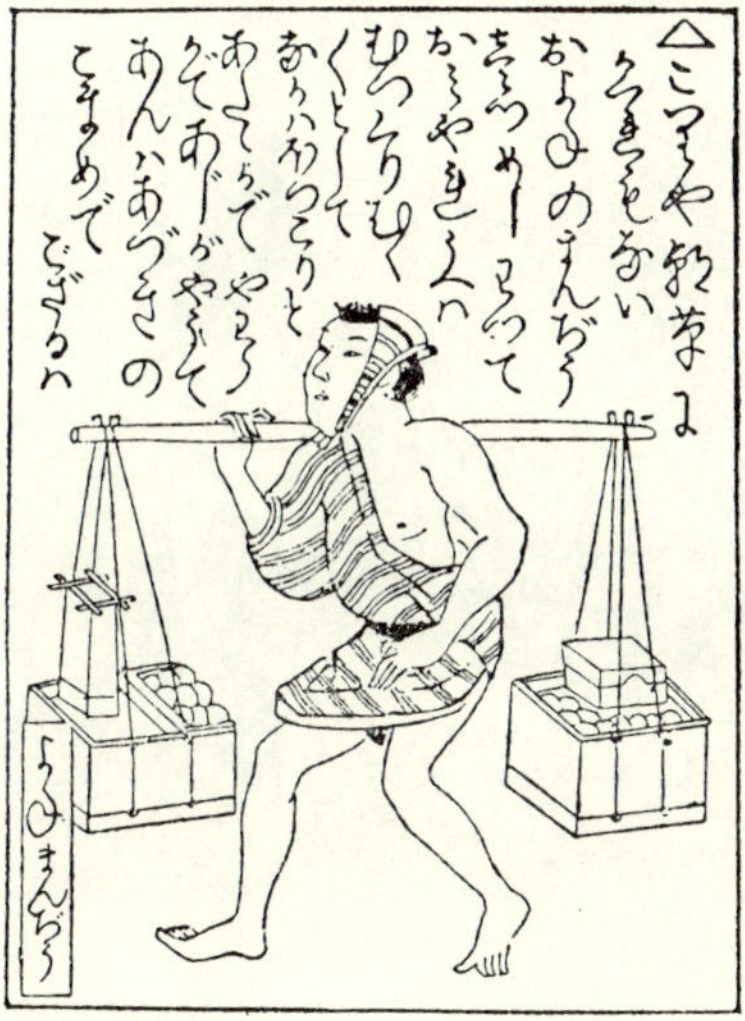

振売の饅頭屋

男風呂の図

に書きつけて得意顔である。類をもって集まるのたとえどおり、岡場所付近にいつかできた怪しげな店には張子《はりこ》の陰具の類がならべてあり、そのまたさきの湯屋は男女混浴で、暗がりの濛《もう》々とした湯気のなかでなにかおかしなことをやっている不埒者もいるというふうだったから、風俗の退廃というか淫靡というか、とにかく、儒学者流が眉をひそめたのもむりはない。

武士は痩せ商人は太る

さて、このような堕落した世相は、ひっきょう武士階級、ひいては徳川幕府自体の凋落の兆しであるに相違ないし、かわってむくむく頭をもたげてきたのが都市の町人である。なにしろ、おもな生産から配給までが専売と運上のネットワークに編みこまれ、事実上これを運営するのが特権を認

吉原遊女張見世の図

められた大商人たちで、物価の騰落、景気の変動、それがどうころんでも儲かる仕組みになっていたから、彼らはますます肥え太っていった。印旛沼、手賀沼の治水、開拓事業にしてからが、政府財政は、ない袖は振られぬありさまで、豪商連の投資があってはじめて着工できたことはさきに述べたとおりである。

明和、安永、天明のころの富豪の典型によくあげられるのが江戸の札差《ふださし》だ。札差とは、旗本、御家人らの蔵米《くらまい》（知行米）の受取りなり売買なりを請負い、あわせて金融もする商人だが、きまった数が九十六軒、それで数万人の武士の台所を握っているのだから、利潤は莫大である。当時吉原で十八大通《だいつう》とよばれ豪奢をきわめた遊びをしたのがこの札差どもで、めぼしいところが大口屋暁雨《ぎょうう》、大和屋文魚《ぶんぎょ》、松阪屋左達《さたつ》、下野屋《しもつけや》祇蘭《ぎらん》ら、なかでも暁雨の伊達者ぶりは吉原雀の目を見はらせた。彼は毎夜のように大門をくぐったが、そのいでたちは黒羽二重に白く大黒天《だいこくてん》の紋をぬき、目もあやな緋の博多帯に印籠一つ、黒仕立鮫鞘《さめざや》の長脇差をぶっこんで、桐の下駄を踏み鳴らしてゆく、といったふう。二代目団十郎がそれを写して助六を演じたという伝説まで生れたが、同時に、その誰はばからぬ派手な横行闊歩ぶりに、当時の商人階級のすでに満ち満ちた実力のほどもしのばれるというものだ。

かたわら、武士の窮迫は見るもむざんだった。札差にさんざん高い利息を絞りとられたあげくは、やがて多額の借財がかさんでしまって、いくらうまいことを言って頼んでも、もう貸してはくれない。

蔵宿（札差）の手代《てだい》其手はくはぬなり

度々の御愁傷さまと蔵宿あざ笑ひ

といったぐあいで、身動きがとれない。札差との交渉がうまくいかず、ついに癇癪をおこして相手をぶんなぐったり踏んづけたりしたために、召捕られて遠島の刑に処せられた旗本の悲劇などもあったが、しょせん力ずくでどうなるものでもない。せいぜい爪に火をともすようにして倹約して、なお足らないところは楊枝《ようじ》や傘の骨をけずって手間賃仕事にはげむというぐあいである。すでに内職は痩浪人かぎりのものではなくなっていたのだ。しかし、それでもどうしようもなくなった微禄の御家人のなかには、あろうことか、拝領屋敷に隠売女をかこって客をとらせ、そのあがりでやっと生計をたてる者さえあらわれるにいたった。まさに末世だが、つまり「武士は人を治め、商人は治められるが法なるに、今は町人が人を治むる世の如し」(『塵塚談』)であり、「女郎買は色男なるが故に貴《とうと》からず、黄金を以て貴しとす、是れ当世なり」(山東京伝『憂世の酔醒《よいざめ》』)のあべこべにひっくりかえった拝金一途の時代になっていたということだ。

世にあふは道楽者におごりもの
　ころび芸者に山師運上
世に合はぬ武芸学問御番衆の
　ただ慇懃《いんぎん》に律義なる人

意見と異見

このような世相を定信一統が痛憤していたことはいうまでもない。なによりもまず、庶民を野放図にさせておくのがよくない。放っておくから勝手気ままな言動をするというのが定信の意見で、たとえば、これはのちの天明七年、すでに老中になってから彼が将軍に奉った意見書中の一齣《こま》だが、「御触《おふれ》等出で候ても人々用ひ不申、反て誹謗を生じ候様に罷成《まかりなり》、総て下勢《しものいきおい》、おのづから上を凌ぎ候様に相見《あいみえ》申候」と苦りきっている。がんらいが幕藩体制の護持を至上命題とし、したがって幕命の尊厳こそ不可侵のものと考える定信にとっては、このようにお上をないがしろにし公儀を誹謗したりするような不逞の輩はとうてい許せない。ビシビシ取締って政府の威信を高めるべきだと思うから、意次の言論統制の手ぬるさ、というより自由放任ぶりが、まったく目にあまるのである。

しかし、むしろより以上に彼の気にくわないのが意次のあからさまな町人びいきである。定信によれば、「人食にあらざれば生ぜず、故に農業は政の本也」であり、また、「武士は弓馬袴太刀《はかまたち》の業、骨を折、日日の勤《つとめ》有之候、町人斗《ばかり》何の勤も無之、天下の遊民にひとしく候」(『楽翁公誠論』)と見られるのに、「当時は士農おとろへ、工商盛に相成候」の世相だから、いかにも慨嘆にたえないというのである。この言分は、朝晩身を粉にして働いて金をためてはいるものの、まかり間違えば大損もするし、それにちっとは世のためにもなっているつもりの町人たちにとっては、なんとわからずやの理不尽な戯言《たわごと》とも聞えたろう。しかし、定信の町人蔑視、裏を返せば重農主義は、みずからの白河藩の治績によって裏打ちされて、ゆるぎない確信にまでなっている。

なるほど、白河藩という小藩の小政治社会でこそ彼の農本の理想が成功したものの、それがはたして江戸幕府という中央政界で通用するものかどうかが問題だが、それはともかく、意次のやりかたは定信から見るとまるで逆である。幕閣枢要の地位にありながら、みだりに賤しい町人風《ふ》情《ぜい》と馴れ親しみ、手を束《つか》ねて高値高利をむさぼらせ、はては帯刀や殿中での熨斗目《のしめ》（士分以上の者の礼服）着用を許すなど、もってのほかのことばかりが多いのである。

さらに定信が見るにたえないのは、意次の放恣さが招いた世道の乱れ、風俗の退廃だった。天下の旗本が三味線、笛、太鼓の遊芸にうつつをぬかし、博打・喧嘩沙汰で悪名を売るなど、三河以来の剛直な士風なぞあったものではない。定信が大嫌いな三味線がはやりだしたのもこのころからである。歌舞伎芝居自体が一種のブームのさまで、素人狂言がいたるところで催され、りっぱなお武家までが河原者の真似をして女形になったり、立役、仇役になったりして、鳴物拍子《なりものひょうし》入りで大騒ぎをしていた。

「三味せんと云もの、百年以前には、盲人技女、さては乞食のもてあそびと聞しが、今は貴人もひそかに手に取給ふ様に成しは、浅ましき事也。浄るりといふものも、昔は文句もふしも、今の様にはなかりしとぞ。今は人前にて語るべき物にもなく、聞べき物にもあらず。殊に親戚の間にては、聞に堪がたき淫乱の事を作り出し、それを聞て、互に恥らふ色もなく、興じてもてあそぶは、いかなる心ぞや。……三味浄るりは淫乱の縁《えにし》となり、不義の基となる、恐るべし遠ざくべし」（『燈前漫筆』）

という意見には、求道者・道学者定信の面目躍如たるものがあるし、また、いまのテレビの低俗さを「とても家族ぐるみでは見られない」と憤慨する有識インテリ層の口ぶりにもいささか似ないこともない。

武士の堕落

武士の風俗的堕落は、もちろん、三味線、浄瑠璃に溺れるだけにはとどまらない。つぎにエピソードの幾つかをあげてみよう。明和元年八月、旗本三人が水泳のけいことということで墨田川に芸者づれで船をだして、泥酔したあげく杉原七十郎というのが溺死した。そこで、さっそく、「船に酔い酒がすぎ原七十郎、七百石を川へ進物」と落首が一つ。

つぎは明和三年九月、これまた旗本の外村大吉というのが、つねづね自宅に人を誘って博打《ばくち》をうっていたうえに、材木や薪の盗人まで働いたという科《とが》で斬罪になった。その三は明和四年七月、遠藤甚四郎という小普請の侍が、あちこち妾をもちちらしたあげくが金に詰り、自分の妾の一人から借りた金を返せないで催促の訴えをおこされて遠島の罪。その四は明和七年十月、もと甲府勤番の佐々木市五郎というのが、酒が飲みたりなくて、深夜、酒屋を叩きおこしたことから番頭と喧嘩口論になった。で、刀を抜いて切りかかったが、かえって棍棒でその刀をたたき落されて逃げ帰った。それが武士の不面目とあって、遠島になるべきところ、たまたま牢屋が火事になったのに、逃亡しないで帰ってきたのが神妙のいたりというので、罪一等を減ぜられて追放。その五は、安永元年八月、これまた小普請の宇野市十郎、小姓組の山崎兵庫の二人が、両国橋近くの岡場所でさんざん酔っぱらって、そこらの家具道具類を打ちこわし、はては隣りの垣を乗り越えて寺の境内に侵入し、乱暴狼藉したことで前例同様の追放刑。

その六は、安永二年四月、やはり小普請の花房五郎右衛門というのが、馴染みの女郎をうまうまと誘いだして、自宅にかくして楽しんでいることが、遊女屋の亭主の訴えで明るみにでて、士籍没収のうえ追放。この種の事件はまったく枚挙にいとまがないし、読者もぼつぼつ嫌気がさされたであろうが、ついでのことに、もう一つ二つめぼしいのを拾ってみる。

その一つは天明五年、寄合《よりあい》（三千石以上の旗本の一地位）の四千五百石取りの歴とした旗本藤枝外記《げき》は、かねて吉原の京町二丁目の大菱屋久右衛門方抱えの遊女綾衣と馴染みを重ねていたが、彼にはすでに妻子があり、女には身動きできないほどの借金がある。しょせん、添おうにも添えぬ憂世をはかなんで、手をたずさえて江戸はずれ千束村の百姓家まで駈落ちして、そこの物置で心中して果てた。もちろん、その後家禄没収の処分を受けた。この事件は、なにはさて、世話物浄瑠璃の道行さながらに、哀れで悲しく退廃的な美しささえある。だからこそ、世間ではつぎのように謡《うた》った。

君と寝ようか　五千石とろか
　何の五千石　君と寝よ

　つぎの話は、これとはうらはらに、恐ろしく粗野である。というのは、天明七年二月のことだから、すでに意次失脚後のことになるが、当時の士風を知る足しにはなるだろう。同年正月、水《み》上《な》美《かみ》濃《み》守《ののかみ》が西の丸の書院番頭《ばんがしら》に任命された。すると、先任の同僚ら小堀、大久保、酒井、能勢《のせ》、三枝《さいぐさ》、小笠原、内藤らが、恒例と称して、水上の就任披露の宴会を強要した。で、しかたなく、手許《てもと》不如意をむりして、料理から芸者から、彼らの指図どおりに自宅に用意して酒宴となった。だんだん酔がまわったころ、大久保が
「珍菓を披露いたそう」と持ってきた重箱をあけて餅菓子をだした。三枝が指でそれをつまんで、

「まず亭主から味わわれよ」

　とホストの水上の鼻先に、差しだしたところ、

「せっかくながらのちほど頂戴つかまつる」

と辞退した。酒の肴に餅菓子とはいかにも頂きかねるから、ことわるのが当然だろう。すると、やにわに大久保が怒りだして、

「おぬし、これが毒饅頭とでもいうのか」

とってかかったので、水上はしかたなくたべた。しかし、大久保はそれでおさまるどころか餅菓子を芸者に投げつけるやら膳をひっくりかえすやらして、ますますたけり狂うのを、他の連中はいっこうに制止しない。かえって一緒になって荒れまわりだしたから、もう手がつけられなくなった。盃や水鉢を打ちこわす、手あぶりの火鉢を庭に放りだす、床の間の掛物をはずしてもみくちゃにする、籠の小鳥を空に放つ……はては、三枝は茶碗に小便をし、大久保は飯碗に脱糞するなど言語道断、乱暴狼藉のかぎりをつくして帰って行った。

こんな無茶苦茶な騒ぎがなぜおこったのか。七人とも幕府によって処分されたが、いずれも三千石ないし六千石の錚々たる旗本ばかりである。よほどの遺恨でもなければこんな馬鹿をしでかすはずがない。その理由はこうである。そのころ、新たに役職に任用された者は、古参の者にもれなく厚く贈物をして挨拶をし教えを請うのがしきたりだったのに、かの水上美濃守があえてそれをしなかったので、生意気な奴だ、ケチな奴だ、みんなでこらしめてやれというわけで仕組んだうえのことだった。いうなれば、七人の吉良上野介《こうずけのすけ》が浅野内匠頭《たくみのかみ》宅に乗りこんで、大暴れしたと思えばよろしかろうか。

定信が見るに耐えずとした士道退廃の実相が、ざっとこんなぐあいであった。彼は速かにこれを矯正すべきだと思う。武士の精神作興と綱紀粛正こそ急務なのに、意次が、とんとノンシャランのかたちでいるのはけしからぬ。同時に、私娼の跋扈《ばっこ》や男女入込《いりごみ》湯の簇生《そうせい》も、我慢がならない。

まして岡場所に巣くう売女なぞから税をとるにいたっては、すなわち公儀が密淫売を公認して推奨するにひとしいではないか、と定信は憤慨する。ところで、こんなありさまを、意次もまたけっしてよいと思っていたわけではない。しかし、彼は世相そのものを時流の必然というふうに見ている。武士が凋落するかたわら町人が台頭するのも、士道がおとろえて世の風紀が乱れるのも、すべてそうなる理由があってのことであり、それをむりに禁止し弾圧するのはたいして意味がないし効果もあがらない。むしろ世情の自然な流れに即して、しかるべき手をうつのが政治の妙諦だ、と意次は考えるのであった。

なるほど、意次の意見に根底がないとは言えない。さきにあげたような武士のさまざまな行為というのも、つまりはその階級的貧困化、そしてそのための無気力、絶望、ヤケな気持からの結果と見てよい。そうなるのもむりからぬわけで、たとえば当時の落書に、「近年多きもの　つぶれ武士　乞食旗本……」とあるように、世間からは貧乏を嘲笑され、たまたま遊里に足を踏みいれても、「人は武士　なぜ傾城《けいせい》にいやがられ」(『柳多留』)というふうに、さっぱりモテないとあっては、大暴れに暴れたり、うまいこと言って遊女を誘拐したりしたくもなるだろう。

大身《たいしん》の旗本の藤枝外記の心中沙汰や水上美濃守のひどい被害にしても彼らにたっぷり金があっておこったこととは思われない。では、武士階級凋落のそもそもの原因はなにかといえば徳川開府以来の長年の太平無事のせいなのである。武士たるもの、まさか鎧兜や刀槍の一揃いくらい持たぬではないが、携えて勇武をふるう機会は絶えてないのだから、その第一の存在の理由《レーゾン・デートル》を失っているわけだ。女郎が客の侍に言ったという、

「あちきは、侍になりとうござんすえ」

「ほう、異《い》なことを聞くもんじゃわい。して、そのわけは……」

「侍はね、有りもせぬ軍《いくさ》を請合って、知行とやらを取って居なんすからさ」

こんなやりとりが『柳巷《さと》訛言《なまり》』にも見えるように、どうやら世の厄介物、無用の長物に化したらしいとあっては、士道の衰微もまたむべなるかなと言うべきであろう。

グロテスクな矛盾

定信が憎悪する隠売女に対する課税も、意次としてはよくよく考えたうえで、やむなくやったことである。意次が、売春の存在に好意をもついわれはない。しかし、神代以来それが絶えたことはなかったし、現にたびたびの禁令や取締りにもかかわらず、巷の闇にもぐってしぶとくうごめいている。同時に見のがせないのが、淫売が商売として繁盛し業者どもがしこたま儲かっていることだ。とすれば幕府の金蔵がすっからかんのおりから、この財源に手をつけぬ法はない、というのが意次の論理であった。しかし、これは定信には通用しない。政治は、定信にとっては理想であり、意次にとっては現実である。「肯定と否定、火と水、グロテスクな矛盾」（シュモラー）

というのが両者の関係だから、意次のすることなすことの一から十までに虫唾《むしず》が走るのが定信である。定信にとっては穢土《えど》濁世《じょくせ》のそれもこれもが、あげて意次のせいなのである。

　およそこれほどきわだった人間的対立または対照は、ほとんどどこにも見あたらない。定信と意次の、月とすっぽんほどもちがう血筋と家柄の差は、すでに述べたが、お互いがそれを意識したうえで相手を軽蔑している。定信からいうと、意次とは、どこの馬の骨とも知れぬ胡乱《うろん》な奴で、学問もないし詩歌もわからない。その下種《げす》下郎が、たまたまバカあたりの宝くじを引いたようなもので、雲に乗り風を呼ぶといったぐあいになり、ついには将軍側近にまで経《へ》のぼり御寵愛につけこんで城主から老中にまで成りあがった。そうなると、ますます増長して、権現様《ごんげんさま》以来の定法を破り、ことに有徳廟（吉宗）がせっかく御辛苦の政事の精華をも蹂躙して、悪政虐政をほしいままにするがゆえに、民は塗炭の苦しみをなめている。天人ともに許さざる逆賊とは意次のことだ、というわけである。

　半面、意次から見た定信は、やんごとない御曹子で、頭がよいと言ってもまるで世間を知らない。どうやら学問自慢のようだが、それが孔孟の教え、修身斉家治国平天下とか仁義礼智信とかの類で、とても実用にはならない。有徳廟のなされかたでさえ、まるで潮の流れをせきとめるようなぐあいで、とても時勢にそぐうものではなかったのに、あれこそが政治の理想だという定信の気が知れない。論語読みの論語知らずで、かえって無学なのが定信ではないかと考える。米でうまくいかねば金でいく、百姓が駄目ならかわりに商人から取る、国内にたりないものは外国と有無相通ずる。なんでもやってみなくてはわからないし、また、なんでもやってみたいと意次は思う。飽くことを知らない政治の仕事師であり、それも今日でいう試行錯誤でいこうというのが、彼の肚であった。

このように二人の立場や言分をならべてみると、この二人はお互いどうしても噛みあわない。まして定信の心の奥底には彼自身の養子問題、すなわち田安家から遮二無二松平家へ追いやられたことに関する私怨までがわだかまっている。両者のあいだは、しょせん、問答無用であり、話せば話すほどかえってわからなくなる。左右の双曲線は、ほんのそばまで近づいてもけっして交わることはないのだ。つまり、この二人は、古代ローマの剣闘士《グラジエーター》が、衆人環視の円形大演技場《コロセウム》のなかで生命をかけてたたかったように、いまや食うか食われるかの死闘を演ずるほかはなかったのである。

賄賂伝説

田沼意次というと、人は賄賂を思う。意次の名は賄賂の連想なしには浮んでこない。では、彼のそんな賄賂伝説は、いったいなににゆらいしているのか。

田沼邸には諸家から意匠と趣向をこらしたさまざまの品が運びこまれてきた。当時世は太平で、観月の宴などの催しがさかんだったが、ある中秋明月の晩には贅美をつくした島台が到着した。すなわち、大きさは方一間ばかり、全体を田園の秋景色にかたどって、豆銀を敷いた庭に山家ふうの庵《いおり》を設け、屋根は小判で葺き、窓、壁、戸ぼそなどもみな金銀貨幣で装おうという、俗ではあるがはなはだ値嵩の張るみごとなものだった。また、ある進物は、小さな青竹の籃《かご》に生《いき》のよい大鱚《きす》七、八尾、野菜少々をあしらい青柚子《ゆず》一個を入れたものだったが、その柚子を名匠後藤の彫るところの萩薄模様の小束《こつか》で貫いてあった。そのころ後藤作の小刀は天下の逸品とうたわれ、値い数十金にあたったのであるが、なにより趣向が垢ぬけして上品である。さらにあるときには、大きな竹籃に鮪二尾をならべてとどけてきたが、これは無造作なところが見てくれなのである。

意次が暑気あたりで寝こんだことがあった。御見舞いの使いが意次の家来に、「殿様はなにをお喜びなされましょうか」と問うたのに対して、「さよう、枕元に岩石菖《いわせきしょう》を置いてお楽しみのようで」と答えたところ、たちまち諸方から大小各種の岩石菖が持ちこまれて、広い座敷二間《ふたま》に隙間なくならんで足の踏み場もないようなありさまで、家人もとり扱いに閉口した。意次が庭に泉水をつくって、「魚を入れたらおもしろかろうな」と言って登城して、その夕刻帰宅したら、その泉水に鯉や鮒が威勢よく跳ねたり尾鰭をふって泳いだりしていたという話はすでに書いたが、これまたご機嫌取りの、なんともすばやい贈り物だったことは言うまでもない。この種の例はまだまだあるが、ついでに一つ奇抜なのを披露して終ることにしよう。

ある日到着したのは総桐造りの大きな箱で、表に墨黒々と〃京人形〃と記されていた。蓋をとってみると、目もあやに着飾った美女の像で黒くつぶらな眼の色、肌の艶から白くしなやかな手先までがまるで生きているよう。息を呑んでじっと見入っていると、人形がするすると座敷に歩みでて舞い始めたから、座にいる一同がたまげて尻もちをついたとか。歌舞伎の所作事にも仕組まれている生きた京人形の件《くだり》だが、これで意次が悦にいったというのはとんだ濡衣《ぬれぎぬ》で、贈られたのはじつは彼ではなくて、子分の勘定奉行の、のち田沼家の家老職をも兼ねた松本伊豆守秀持だったのだ。この男は意次にその理財の才を見こまれて微賤から取立てられ出世したのであるが、好色の点でも群をぬいており、たとえばどの妾の寝床も同じ蚊帳のなかにあるような工夫をして、女体から女体へ往来してたのしんだほどの豪の者だった。配下までが、主人の権勢を笠に着て、金品をむさぼり豪奢をきわめていたことはかくのごとくで、それでせっせと主人の汚名の上塗りをしていたのだから、意次には気の毒なようなものである。

意次に関する賄賂伝説のなかでもっとも知られているのが、『江都見聞集』ちゅうのつぎの話である。

「主殿頭（意次）常に云《いえ》るは、金銀は、人々命にもかへがたき程の宝なり。其の宝を贈りても、御奉公いたし度と願ふほどの人なれば、其志《こころざし》上に忠なること明かなり。志の厚薄は、音信《いんしん》（たより、進物）の多少にあらはるべしといへり。又云るは、予日々登城して、国家の為に苦労して、一刻も安き心なし。只退朝の時、我邸の長廊下に、諸家の音物《いんもつ》（贈り物）おびただしく積置きたるを見るのみ、意を慰するに足れりといへるとぞ」というのだ。

蘇峰翁は意次を、「賄賂の問屋」と罵倒しているくらいに彼にきびしい歴史家だが、その翁ですらが、「是れ恐らくは、意次の心中を忖度《そんたく》したるものであろう」、つまり、意次ともあろうものがまさかそんな馬鹿なはしたないことを言うはずがない、と弁護しているのである。

しかし、意次は案外そんな馬鹿を言ったかもしれないのだ。座談の巧者で、皮肉と冗談が得意の彼だったから、似たような軽口の一つくらいたたかなかったでもあるまい。城から屋敷へ帰って、うやうやしく家来たちに迎えられ、式台から長廊下へかかると、ふと進物のかずかずが目にとまる。用人がたとえば、

「本日なになにさまよりの到来物にござりまする」

というふうに言う。

「ほう、これはみごと。あのひごろケチなおかたが、思いきって気張られたな。今度はよほど御熱心とみえるわい」

という意次はどうやら上機嫌である。用人はつぎつぎと、贈り物と贈り主を報告する。

「なんとぎょうさんあるではないか。うむ、結構、結構。終日殿中で苦労して、帰って、あれこれ変ったものを見るのも気の慰みというもんじゃ、ハハハ……」

これをマジメ人間が伝え聞いて書いたとすれば、先に引いた『江都見聞集』の表現らしい道徳的抗議《プロテスト》にもなるだろう。いまや歴とした大名のうえに将軍の御側御用人、老中ともあろう意次が、もし相手かまわずこんな戯言《ざれごと》を言ってのけたとすれば、たしかにすこし軽はずみがすぎる。「沈黙は金」とか「口は禍の門」とかは、高位高官の者にこそ、もっともかんじんな金言だが、しかし一般に、冗談を、朴念仁《ぼくねんじん》に四角四面に受けとられて閉口するのは、われわれの経験のなかにもよくあることだ。

賄賂の解釈

ところで考えてみると、賄賂の解釈というのがなかなか容易でない。贈答は昔もいまもはなはだ盛んに行なわれていることだが、まず、そのサイコロジーが微妙かつ複雑である。故笠信太郎先生の著書『なくてななくせ』のなかに「贈りものをしたがるくせ」という一章がある。趣旨は贈り物とはほんらい心のこもった純粋無雑なものであるべきなのに「ほんの名刺代り」や「袖の下」まがいのものが多すぎる、反対給付をねらっては真の贈物にはならないというのである。

なるほど、そうには違いないが、しかし「夏も小袖」とか、物をもらって喜ばない人間はいないだろう。兼好法師が『徒然草《つれづれぐさ》』のなかでいう「善き友」とは、「一つにはものくるる人、二つには医師《くすし》、三つには知恵ある友」である。洛西《らくせい》の草深きところに出家遁世の兼好にしてからが、

「ものくるる人」を善き友の第一におくからには、まして俗人どもが贈り物を歓迎しないわけがない。意次が音物《いんもつ》の到来を喜んだとしても、それもしごく自然な人情とは言えないだろうか。しかし、半面、贈り物にはさまざまの思惑やら魂胆やらが託されている。神社に参って、賽銭箱に投げ入れる五円、十円の小銭にもとほうもなく大きな願望がこめられているのだから、まして生身の人間相手に無意味に金品を贈ることはありそうもない。そして唐の詩人が、

　世人、交わりを結ぶに、黄金を須《もち》ゆ
　黄金、多からざれば、交わり深からず

と慨嘆したように、黄金の多寡が交誼の厚薄の目安にさえなるとすれば、願いごとが大きければ大きいほど、しぜん進物も張りこむというぐあいで、その気持は昔もいまもかわるまい。こうして、田沼邸へ流れこむ贈り物の洪水は、彼の絶大な権勢と、同時に彼への陳情、請託、謝礼の類のおびただしさを物語っていた。意次が贈り物の多さを喜んだのは、財宝としての値打ちのどうこうよりも、むしろそれが彼のゆるぎない権勢を示すなによりの証拠だったからである。

しかし、こんなふうにして到来するものを、賄賂というか儀礼《エチケツト》というか、そのへんがどうもあいまいである。それが現代なおあいかわらずの難問であることは、ほとんど不断の新聞種になっている、政治家や役人に対する金品の贈与が、献金か餞別か、それとも賄賂か、などの争いがたえないことからもわかるだろう。

ところで、絶対的専制政治の徳川官僚社会では、役人の任用にせよ昇進にせよ、万事が上役の気分や贔屓次第なのだから、上への金品のつけ届けが現代以上の重要な意味をもっていたことは間違いない。その辺のところをもう少しよく見てみると、じつは徳川体制というハイラーキーの体質自体が、根っからの進物歓迎なのである。まず第一に徳川将軍の諸侯統制は、それぞれの石高に応じて軍役奉仕を徴発し、城郭普請、土木工事などを課して、大名財政を窮乏化させるねらいをもっていたが、それと同じ意味で諸侯の自発的意志による献上物を奨励し嘉納したのである。

そのばあい、金蔵を空にするくらいに気張れば気張るほど、それが将軍に対する忠誠恭順のますます明らかな証拠と見られた。こんなぐあいだから、「上の好む所下之にならう」わけで、進物は次第に武家のならわしになり、しきたりになり、やがては昇華して、ジョン・ホール教授の言葉では「芸術にさえなった」のである。なるほど、そこらの大名たちが田沼宅へせっせと運びこんだ島台とか、鱚と柚子と小束の取り合せとか、鮪二匹とかは、たとえどんなに金銀をちりばめ、思いつきが秀逸だったにしても、しょせん金高の知れたもので、むしろ粋人の趣向自慢の遊び、贈り物の芸術というに近い。

だから、後世の人々が、まるで賄賂が意次にはじまり、これらの品々こそ意次収賄の動かしがたい証拠のように言うのはあたらない。当時の社会の伝統的空気のなかでは、進物音物のたぐいは、役柄とか職掌とかいう権力の樹の大枝小枝に自然にみのる果実で、当人がありがたく頂戴しようとどうしようと勝手次第のはずであった。そんな実例の一つを『江戸時代漫筆』(石井良助)のなかの「町与力、町同心のこと」から拾ってみよう。いうまでもなく、与力は町奉行を助けて江戸の警察と裁判を司る役人だが、禄高は最高二百石としてだいたい二百俵、

「二百俵の米は一石一両と換算して、七十両にしかなりませんが、ある与力の家計では、ほぼそれに匹敵するものを、諸大名よりの附届け《つけとどけ》として収納しています。これは当時の考えでは、賄賂ではなく、正々堂々と受領したものです」

とある。また、与力配下の同心は、黒紋付の羽織に袴はかずの着流し、緋房のついた十手をふところに小者を連れて見まわる、例のテレビドラマの捕物帳などでお馴染みのスタイルの小役人だが、お上から頂くものは三十俵二人扶持という薄給である。それでいて、私費で目明《めあかし》、岡っ引を使い、ときには酒を飲ませたりご馳走したり、お仕着《しきせ》や金をやったりで、ふところぐあいはけっして悪くない。というのも、これまた諸大名や町の金持の旦那衆からたっぷりつけ届けがあったからだ。

地の塩たるべき警察官、裁判官にしてからがこのていたらくだから、進物の類を罪悪視する気風なぞ、一般に稀薄にならざるをえないだろう。そのころ、目付になるには千両、長崎奉行になるには二千両が通り相場という噂さえ立っていたほどで、とにかく、「武士は食わねど高楊枝」の昂然たる心意気は失せて、逆に「何某《なにがし》より金貸《かねかし》」式の拝金拝貨の思想が武士をむしばんでいる

のが時代の特色だった。

しかし、だからと言って、役人への袖の下やつけ届けが当時天下御免だったかというとそうでない。すでに宝暦九年（一七五九年）に幕府は、御側御用人、若年寄、家老らはじめ諸役人は万事簡素節約につとめ、音信進物を堅く停止すべき旨の政令をだしている。ついで明和二年（一七六五年）と安永六年（一七七七年）にも、それぞれ老中若年寄以下の役人または大奥に近侍する者の奉行への請託を禁じている。さて、そこで、明和のころは問わないまでも、安永六年といえば、意次はすでに歴とした老中だから、つまり、この法令の立法者である。法令の制定者みずからが禁を犯すのはおかしなことだが、しかし、表向きの建前と内輪の実際とが裏腹に異なることは、これまたいつの世にも見られるごくありふれたことなのだ。

派閥の血液

さて、ずいぶんと賄賂談義をつづけてきたが、意次のばあい、賄賂というのが、これしきのことで終らなかったのが問題だし、また、そのことがきわめて重要でもあるのである。というのは、武家とは異なる方面から、島台や小束のたぐいでなく、キラキラと山吹色に輝く現金が意次のもとにこっそり届けられていたということなのだが、案外それが見すごされてきている。

意次には大きな金が必要だった。禄高五万七千石はあっても、それは城や家宅の維持と家来を

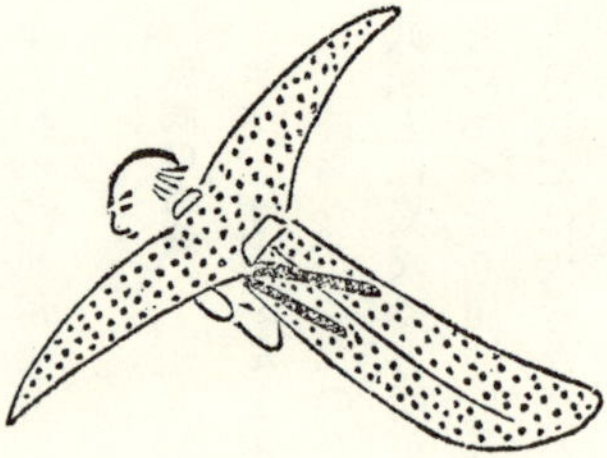

まいなゐ鳥の図

扶持するのに手一杯で、とてもほかにまわす余裕はない。では、ほかから集めた金をいったいなににどう使おうとするのか。ただ無性にためこんで、ひんやりしたその肌触りをたのしもうとするのか。意次失脚後のもので、あたかも幕府が彼の罪状を算えて申渡したかのようにしつらえた『田沼主殿頭江《え》、被仰渡之趣《おおせわたさるのおもむき》』と題する擬文が残っているが、これによると意次は、「……倹と吝《りん》と表裏候儀、不相分《あいわからず》、嗇之筋を倹約と心得違……」とケチ一途の男にされている。しかし、これはとんだ見当ちがいだ。彼はむしろ使いっぷりのきれいなほうで、これと思ったことには金に糸目をつけない。ケチでないとすれば、では、なおなお栄耀栄華に輪をかけようとするのだろうか。すでに意次の屋敷という屋敷は、贅をつくし輪奐《りんかん》の美をきわめている。

　前掲擬文の伝えるところによると、「其方《そのほう》御役屋敷内《うち》之儀、同席と違《ちがい》、格別之美麗を尽《つく》し、衣食幷《ならびに》瓩木石に至迄も、天下比類なき結構に而《て》、居間之長押《なげし》釘隠《くぎかくし》等は、金銀無垢《むく》に而作り、是亦銀座之者共より、賄賂に而相贈候由、是等に准《じゅん》し候儀は、其余一々挙《あぐる》に不遑《いとまあらず》候、木挽町屋敷にては唐木《からき》作りの座敷有之……」という華麗さだし、彼の妾の家までが、「夏日納涼の座敷は、天井へガラスを張り、其中に金魚を蓄へたり」(『五月雨艸紙』)という豪勢さだ。

もちろん、これらのルポルタージュはかなり眉つばで、たぶんにやっかみ半分の白髪三千丈式の誇張がふくまれていることはたしかだが、にしても意次がかなり派手と豪奢好みだったことは想像できる。ともあれ、とびっきり上等の暮しをしていたのだから、もうこれ以上贅沢に金をかけることの無駄と無意味さを覚えないほど、愚かな意次ではなかったのである。

じつはほかでもない、意次の赫々たる権勢そのものがむやみやたらと金を食ったのだ。彼がこよなく愛する権力という怪獣を肥え太らすためには、とほうもなく大量の黄金の糧をたえず与えてやらねばならなかった。「田沼様には及びもないが、せめてなりたや将軍様に」と、うたわれるほどの大勢力は、たとえ意次がどんなに有能で、またどんなに努力したところで、とても一人や二人で築けるはずのものではない。意次の権力をささえる人々は、幕閣、官僚から大奥へかけて、互いに固く連繫して、一個の有機体として息づいていた。そして、その全構造の血管を流れる血がすなわち金であり、金の提供者が都市の富商豪商たちだったのだ。

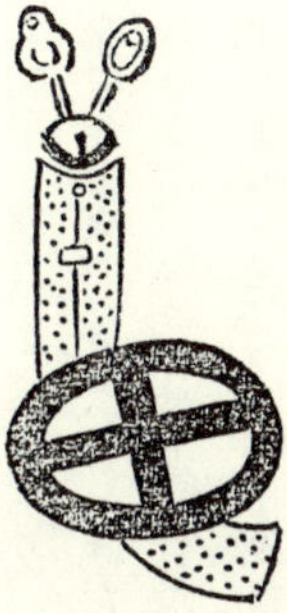

まひなゐつぶれの図

すでに述べたように、あらゆる商工業を専売と運上のネットワークに組みこむという、すなわち、商工業資本との積極的な提携こそが、意次の政治のポイントであってみれば、それはつまり、商工業にたずさわる者に特権を許し独占的利益を認めることであり、しぜん幕府ないし役人とそれら商人との関係を緊密化することにもなる。こうして、意次政権によって、士農工商のピンとキリとがここにはじめて握手し癒着したのであり、彼ら都市ブルジョアどもは与えられた特権や利権の見返りに意次一党に金を貢いだというわけだ。そんな事情の一斑は、さきにあげた『田沼主殿頭江被仰渡之趣』ちゅうに、屋敷の長押、釘隠などを金銀無垢で造作したのは、「是亦銀座之者共より、賄賂に而相贈候由」とあることからもうかがい知られる。

金で利権を買い、利権からまた金をつくりだす。なんのことはない、いまの財界から政党に金が流れるのと同じようなことである。これを賄賂というか、政治献金というかは、時と場所の紙一重の差で、金そのものの性質はあれもこれも似たり寄ったりと言えるだろう。意次が、いうなれば意次党ともいうべき大派閥を形成して、定信一派の反対に対抗した恐るべき力の秘密が、じつにここにあったのである。

しかし世間の眼は案外鋭くまともである。賄賂といい、献金といっても、どのみち庶民には縁のないところで怪しく動いている金に相違ない。だから、彼らは怒って、たとえば、

役人の子はにぎにぎをよくおぼえ

というふうに辛辣に非難した。また、「まいなゐ鳥の図」という落書もあって、上下《かみしも》二本差し

の武士の姿を空飛ぶ鳥のかたちに描いて、「此鳥金花山に巣を喰ふ、名をまいなゐ鳥といふ、常に金銀を喰ふ事おびただし、恵少き時はけんもほろろにして、寄つかず」と説明し、別の「まひなゐつぶれの図」は、なにやら角《つの》をだしたかたつむりのようなのを武士に見たてて、「此蟲常は丸の内にはひ廻る、皆人銭だせ、金だせまひなゐつぶれといふ」と注がついている。いずれも賄賂全盛の世相を皮肉りこきおろした庶民の声だが、憎悪の鋒先はつまりはときの為政者意次にむかわずにはすまなかった。

四章　おろしや・おらんだ

和蘭ふうの流行

ここらで首《こうべ》をめぐらして、海の彼方の情勢から、それと日本とのかかわりあいを見てみよう。平賀源内、杉田玄白ら蘭学系統の科学者、実学者の意見や海防家・工藤平助の献策などによって意次の目がいくらか外にむかったとはいうものの、しかし、なにせまだ鎖国が国の大法として動かしがたいころである。わずかに開かれている窓が長崎かぎりとあっては、異国のことは「雲をへだてて月を望む」のたとえどおり、曖昧模糊としてとらえようもなかった。

さて、意次が御側御用人になった一七六七年（明和四年）前後の世界の模様はどうだったのか。一七四四年以来、英仏二国は植民地争奪戦にしのぎを削っていた。新大陸で、あるいはインドで血みどろになって覇権を争いつづけたあげくが、フランスは敗退して、新大陸ではカナダその他を、インドでは基地の大半を失った。こうして、イギリスは東西に大植民地を獲得して、いわゆる大英帝国建設の基礎を固めるのだが、途上フランスのインドにおける敗北を決定的にしたプラッシーの戦いが戦われたのが一七五七年。ときに意次は三十九歳で側衆の役にあったのだが、その日本にもうじき手が届く近さまで、イギリスの勢力は迫ってきていたわけだ。しかし、イギリスは植民地争奪に勝ちはしたものの、背負いこんだ莫大な戦債負担の苦しさはひととおりでない。それを植民地からの収奪で賄おうとして、新大陸に砂糖法や印紙法を押しつけたことから植民地人の反抗をひきおこして、やがて戦争勃発からアメリカの独立(一七八三年)へと進んでゆく。しかし、新生アメリカのペリー艦隊の訪日(一八五三年)までには、まだまだかなり長い歳月がある。

ヨーロッパ大陸内では、女帝マリア・テレジアのオーストリアとフリードリヒ大王のプロイセンとの久しく激しい戦争がやっと終ったばかり(一七六三年)。ルイ王朝下のフランスでは、この世紀の半ばころから、いわゆる啓蒙思想が流行して、絶対王制や貴族政治の基礎をゆるがしはじめ、やがてきたるべき大革命(一七八九年)の足音が、かすかながらはるかからもう聞えてくる。

しかし、これらヨーロッパ列強の動きは、日本人にとってはまったくの別世界、風馬牛というところである。すでに一六三九年(寛永十六年)、将軍家光によってポルトガル貿易や朱印船貿易が禁止されてからというものは、日本人は国をでることもならず、それから、ジャガタラ文に哀れをとどめているように、国へ帰ることもならずで、まるっきり「井中の痴蛙」同然のことになっていた。ただわずかにオランダ人が来航を許され、長崎の出島にとどまって貿易を営んでいたのが目付物《めつけもの》で、その商館長が毎年幕府に提出する『和蘭風説書《おらんだふうせつがき》』だけが紅毛南蛮からのささやかな風の便りというわけだ。いわば離れ小島の日本を広い世界につなぐわずか一本の糸、それがオランダだったのである。

さて、意次が舶来品を愛し蘭学や貿易にたいへん乗り気だったこと、したがって「和蘭風は社会を吹き廻し、一世の流行を来たした」(蘇峰)ことはすでに述べたが、といって意次ひとりで急にこんな新風をおこせるものではない。徳川三百年の長い鎖国の歴史は、ときには緊張しときには弛緩しながら進んできたが、なかでももっとも厳重だったのが家光以来の前半と見てよかろう。国民は、異国の人も物も触れてはならぬもの、けがらわしいものというふうに信じこんでいたし、凝りかたまった儒学者たちが、そのうしろ楯になっていた。しかし、半面、鎖国を不合理とする主張もだんだん増してきた。

論拠は、まず貿易によって国富の増加をはかるべきで、そうしなくてはとても国の経済が成り立たないというのであり、第二には、このままでは日進月歩の世界文明に立ち遅れる、鎖国は好んでみずから知的窒息を招くゆえんだというのだった。こんな考えかたが表にでてくるというのも、日本の対外態度の基調がかわりだしたせいである。ところで、西欧との接触が少なくとも知的にはお国のためになるという発見をしたのが、日本の対外貿易のもっとも代表的な引締め役の新井白石にほかならなかったのだから、皮肉といえばまことに皮肉である。

一七〇八年（宝永五年）薩摩の南の屋久島でまことに奇妙な異人が発見された。瞳は青く鼻は異様に高く、身なり身ぶりもおかしなふうだが、ちゃんと頭の月代《さかやき》を剃り、日本ふうの服を着、腰には大小さえ差した侍姿だった。奇怪きわまるこの外人は、じつはローマ法王クレメント一世の命を受けてヤパンニア（日本）布教の旅にでたイタリア人のシドッチという宣教師でジェノアからマニラに渡り、六年目にやっとのこと屋久島にたどり着いたというのだ。逮捕されて、薩摩から長崎へ運ばれ、それからまた唐丸籠に乗せられて江戸へ送られた。もちろん、囚人の扱いである。

イタリア人宣教師シドッチの像

やがて、幕命によって、侍講の新井白石自身がこの取調べにあたった。ところで、このシドッチというのがなかなかの大丈夫で、信仰の堅固なことはもちろん、学殖も深く、ヨーロッパ諸国の地理、歴史、技術などを諄々と説いて白石をおおいに堪能させた。白石はこれに対する自己の見解を、著書『西洋紀《き》聞《ぶん》』に記しているが、かんじんのキリシタンの教えについては、これはしょせんばかばかしい迷言《よまいごと》にすぎないとしながらも、外国侵略の具であるとの伝統的な見かたには否定的だった。

白石の、キリシタンに対するこの寛大な態度は、すぐさま知識人に反映して、碩学荻生徂徠が筆を執って異教の正邪は学者の判断にまかせらるべきだと幕府に書き送るなど、さしもに厚く堅かった猜疑と警戒の氷の皮膜が暖かな春の日射しに溶けかかるぐあいとなった。この気運をさらに助長したのが、享保五年(一七二〇年)にいたって、将軍吉宗の大英断で、従来禁じられていた洋書の閲覧が許されたことだ。こうして、青木昆陽らを先鋒にいよいよ蘭学勃興の幕あきとなったがゆえに、この年が画期的なのである。

さて、白石のキリスト教への穏和な態度や吉宗の西欧文明に対する功利的な扱い、すなわち対外政策の自由化の方向をいっそうおし進めたのが意次で、彼はまずなにより貿易の振興につとめた。輸出用棹銅《さおどう》や俵物《たわらもの》を長崎に運んでシナの商人やオランダ商館に売り渡して金、銀、貨幣を受けとって、いままで流出一方だった金、銀を、逆に先方から流入させようとしたのである。これは、つまり、ヨーロッパの先進諸国が近代国家に脱皮した早々のころに、一世をふうびした重商主義の思想である。外国から買う以上に多くを売って貨幣を蓄積し、それで国の繁栄をはかろうというわけだが、同じような思想を意次が抱くようになったのも、ひっきょう、国内の商品経済の発展が、鎖国を桎梏と感じるまでに発展してきたことによるのである。だから、彼が長崎のほか蝦夷地にまで貿易の窓を開こうとしたのも、伝統と因習に呪縛されない自由な政治家としては、むしろ自然なことだったろう。

それはともかく、こうした意次政府の開放的な方針のせいなのか、この時代には外国人との交渉が多かったが、なかでもスウェーデン人の医者カール・ツンベルグとオランダ人の長崎商館長イザク・チチングが著名である。そして、チチングの滞日期間、安永八年（一七七九年）から天明五年（一七八五年）までの六年間は、封建日本の対外自由化政策のハイライトと見るべき時期だった。

ツンベルグは安永五年にオランダ商館長の一行に加わって江戸を訪問した。そのときの模様は、彼の著書『江戸参府紀行』にくわしいが、それによると、彼と日本人との交際は自由で、医者であり熱心な蘭学者でもある桂川甫周《ほしゅう》や中川淳庵《じゅんあん》を弟子にしただけでなく、同年日本を去ってからも、彼らと手紙のやりとりをしている。それが咎められるようなこともなかったのだから、世のさまも変ったものだった。チチングののこした記録は、ツンベルグのもの以上に、日本人のオランダ熱を詳細かつ如実に伝えている。長崎と江戸ではむろんのこと、参府途上の大坂や京都でも、オランダ人に親しみオランダ語の本が読みたい貴人たちにまつわりつかれたというのだが、そんななかに、大名ちゅうの大大名、ずばぬけた雄藩の領主で、やがて第十一代将軍家斉の岳父ともなる島津重豪《しげひで》の名が記されているのが目をひく。

似たもの同士

ゆらい薩摩藩というのは、本邦南端に位する地理的条件もあってか、外への関心はなみなみでなかったが、なかでも重豪は歴代ちゅうとびぬけた進歩人で、その不羈奔放さはかくべつだった。漢学の素養もけっしてなくはないが、むしろ情熱を燃やしているのは蘭学のほうで、オランダ船を見たり外国人とつきあったりするために、わざわざ長崎にでかけることがしばしばだった。「重豪は、ほかの人間に聞かれたくないことは、われわれの文字《アルファベット》を使ってあらわした」とチチングが書いたほどの外国好きであり外国通《つう》だったが、それが外国人のあいだにもだんだん評判になって――これは、田沼時代以後のことになるが――文化三年（一八〇六年）にデフが、文政五年（一八二二年）にフィッシャーが、文政九年（一八二六年）にはシーボルトが進んで彼に会ったという記録がのこっている。

　なにさま、外様ちゅう屈指の雄藩の殿様で豪気で鳴る重豪のことであるから、やりたいことは思う存分に派手にやってのける。まず、安永二年（一七七三年）に造士館と演武館を設けたのをはじめとして、輸入の新知識を活用して、その翌年には医学院を、その五年後には簡天儀《かんてんぎ》、測午表《そくごひょう》、望遠鏡のたぐいをそなえる明時《めいじ》館《かん》を創立したほか、地元とならんで江戸にも植物園をつくった。こんなぐあいに、たいへんりっぱなことをするかたわら、暮しかたも豪勢華麗をきわめるというわけで、重豪がしたい放題をして死んだあげくの負債は五百万両にのぼったとか。そのあと始末がたいへんで、重豪に任用されて、この難局を背負って立った調所笑左衛門広郷《ずしょしょうざえもんひろさと》がさんざん苦労した話はよく知られている。

さて、こんなふうに重豪のことを紹介したのも、じつは彼という自由で積極的で派手で物怖《ものおじ》しない性格が、意次のそれと瓜を二つに割ったようだからである。たとえば奈良本辰也氏はこの相似をこういうのだ。

「わたくしは、かれ(重豪)こそ田沼時代を反映した典型的な大名とみてさしつかえないと思っている。田沼意次がこの時代にもしも他の大藩の藩主に生まれたとしたら、それはこの重豪と並び称せられるような、あるいは瓜二つともいえるような政治がその藩でもおこなわれていたであろう」(『日本の歴史』17巻・中央公論社刊)。

こんなふうだから、とうぜん二人は一般とは毛色が違った同好の士ということで、お互い馬があう。重豪の生れたのが延享二年(一七四五年)だから、意次より二十五、六は年下である。両者のそもそもの出会いがどうだったかなぞ、はっきり見きわめ難いのが残念だが、この二人が、なにかの折に対面して、はじめからうちとけて政治を語り人生を語りおおいに共鳴して手を握ったというふうに憶測しても、たぶんとんだ的はずれにはならないだろう。というのは、一橋治済の長男の豊千代を、将軍家治の後継ぎにするため、意次がおおいに尽力したいきさつはすでに述べたとおりだが、その豊千代の婚約者こそ、誰あろう重豪そのひとの娘の茂子だったからである。

天明元年豊千代が十代将軍家治の嗣子と決定し名も家斉と改めるにつれて、茂子も薩摩屋敷からいったん一橋屋敷に入り、さらに西の丸に移って「御縁女様」と称せられることになった。やがての御台所であり、したがって重豪は将軍家の岳父にあたることになる。このもっけのさいわいに、彼が有頂天になったのもむりはない。しかし、そこでまずいのは、徳川家では、三代家光以後、歴代将軍の正室は皇室または五摂家などの高級公卿から迎えるのがしきたりになっていることだ。将軍は征夷大将軍であり、大名はいかに大身とはいえ臣下であるから対等の縁組は許されない。あえて慣例を破るべきでないと、一部の強硬論者はいきまいた。彼らの多くは、そもそも意次の家斉擁立自体から反対だったのである。

しかし、意次はこんな攻撃もしごくやんわりとかわすお膳立てをちゃんと用意していた。近衛右大臣藤原経熙《のりひろ》を説いて茂子を養女にし姫ということにしたから、それで表面はりっぱにとりつくろえたわけだ。この手は身分違いの壁の抜け道としてよく使われたのだが、ばあいが将軍家ともなるとやはりだいぶむりだったものの、とにかく、茂子は、大名、それも外様大名の娘でありながら、御台所というきらびやかな座に坐ることになる。それもこれも、意次という人間が万事引きまわしてくれたおかげだから、父の重豪が千万遍も感謝した半面には、意次はここでもまた保守派一党の反撥と非難を受ける。こうして、やがて挙式の運びにいたるのだが、しかし、それはもう意次没落後のことになる。重豪が茂子のおかげで正三位に叙せられ栄翁と号し、当時の落首に「舅釈迦さかえる翁せうさんみ天上天下唯我独尊」とはやされたかたわら、意次はまもなく政治の舞台から追い落される。せっかく綯《な》いあげた重豪との絆も、とどのつまりは、たいして彼の支えにはならなかったのである。

赤人の国

オランダはかねてお馴染みながら、その国力はすでに落ちめである。かわって、いうなればこの世界のなかの処女日本に、新たなたくましい勢力が迫ろうとしていた。アメリカは東から、イギリスは西から、そしてロシアは北から、それぞれがこの未知の美女に憧れており、早晩これに接触することはもはやまぬがれぬ運命のようであった。しかし、アメリカはまだ独立戦争のあと始末に忙しく、イギリスはインドのつぎにえらんだ飛石シナの経営にかかずらっていたので、その間いちはやく乙女の柔肌に手をふれたのがロシアだった。

東進と南下を巧みに組み合せて、どこでも手薄なところを衝いてでるというのが、ゆらいロシアの勢力膨脹の定跡のようで、すでに十七世紀にはシベリアの荒野をよぎって、ロシア人がぼつぼつわが北辺に姿をあらわしていた。しかし、彼らの東シベリア沿岸探険が活発になったのは十八世紀に入ってからだが、では、ロシア人はいったいなにをめざして遠征をくわだてるのか。まず、その本国の情勢から見てみよう。

十七世紀末モスクワのロマノフ王朝にピョートル一世が即位した。いわゆるピョートル大帝がこれである。ピョートルは一六九五年南方進出をはかってトルコと衝突し、また、矛さきを変えてバルト海域を手に収めようとしてスウェーデン王カール十二世との戦争に突入した。両雄は北方の覇権を賭けて争うこと二十年間、その血なまぐさい角逐を文豪ヴォルテールの『カール十二世』が華麗悲壮にうたいあげている。戦争中ピョートルはモスクワの首都を廃して、ネヴァ川の河口に新都ペテルブルグを建設した。

「ピョートルの改革こそロシア史のすべての起源であり決着である」と言われるように、彼はまるで化石然としたあらゆる因習の壁をうち壊して、そこに西欧の新風を吹き送るのにおおわらわだ。新都の建設はまずその手はじめであった。かたわら彼は、徴兵制度の採用、元老院や参議会の設置、官僚ならびに租税組織の整備など、いわゆる国家の仕組みの近代化を勇猛果敢にやってのけたうえに、はるか東のかなたにも炯々たる眼を注いでいた。彼の地図には大洋に浮ぶ列島「ゼムリ・ヤポンスキヤ」(日本)が描かれており、その手は次第にここにも及ぼうとしていたのだったが、一七二四年(享保九年)その死によって挫折した。

しかし、いわば大帝の遺志を継いで、東方の経略を積極化したのが、一七六二年(宝暦十二年)に即位したエカテリナ二世だ。この女帝は、フランス啓蒙思想にも共鳴するというふうの、なかなか開明型の名君で、なおいろんな改革をてきぱきやってのけたが、同時に異様なほどに探険熱に燃えて、はるかシベリアのさいはての海に幾度も幾度も遠征隊を送った。すなわち、エカテリナ女帝は一七六四年（明和元年）にはシンド大尉に、一七六八年（明和五年）にはクレニーチンに、一七八五年（天明五年）にはビリングスに命じて、アリューシャン列島から、オホーツク、カムチャツカ、千島のあたりを探らせた。

女帝の目的が、北太平洋の豊富な漁業資源の獲得にあったことは容易に想像されるが、しかし、なんとかして日本と接触したいという希望もなみなみではなかったのである。すでに元禄、宝永のむかしから、露領に漂着した日本人漁民らで、ロシアに帰化して日本語を教える者がふえていたが、ことにエカテリナ二世は日本語学を奨励した。それにちなんで、こんなエピソードもある。

エカテリナ二世

伊勢白子《しろこ》の在に大黒屋光太夫という男がいた。ゆたかな商家の生れで、頭がよく身体も強い。船乗りの習練を積んで、三十歳のころ千石積の廻船神昌《しんしょう》丸《まる》の船頭になった。やがて彼が三十二歳の一七八二年（天明二年）十二月九日、乗組員十五名を率い、貨物を満載して、江戸へむけ白子浦を出帆した。しかし遠州灘で突然激しい暴風雨に襲われ、船体を破損して、風と波とのもてあそぶがままになっているほかはなかった。ただただ神仏の加護を祈りながら、あてどもなく海上を漂流することほぼ半歳あまり、翌年七月十九日にやっとのことでアリューシャン列島の眇たる小島アムチトカに漂着した。さいわい島民のロシア人が親切にしてくれて、光太夫らはここで四年の歳月をすごしたが、漂流ちゅうからかぞえて計七人が死亡した。

一七八七年（天明七年）彼ら九人はカムチャツカに渡ったが、ここでまた三人が死に、残ったものが翌年六月オホーツク、ヤクーツクをへて露都ペテルブルグにむかった。翌八九年（寛政元年）二月、一行はイルクーツクに到着したが、そこでたまたま自然科学者でペテルブルグ大学教授のキリル・ラクスマンにめぐりあった。さて、母国を離れてすでに久しいから、光太夫らの帰心は矢のごとくである。同情したラクスマンが、一行のために帰国嘆願書を起草してくれてシベリア総督に提出したが、総督の魂胆は光太夫らをイルクーツクの日本語学校の教師にしたいというのだったから、さっぱりらちがあかない。嘆願書は握りつぶされてしまった。こうなれば、エカテリナ女帝へ直訴するほかはないとキリルは決心して、一七九一年（寛政三年）光太夫をともなってペテルブルグにのぼり、五月二十八日夏の離宮で女帝に拝謁した。その結果、九月に入ってから正式に帰国が許されることになった。

案外たやすく願いがかなえられたことには、しかし、それなりの理由があった。光太夫らの送還をきっかけにして、日本のかたく閉ざされた扉を遮二無二押し開こうというもくろみが、女帝周辺の要人間に浮びあがってきたことが光太夫らにさいわいしたというわけだ。こうして、ギリシア正教に帰依して帰国をあきらめた二人を残して、それからまた一人が死亡したために、結局光太夫と磯吉という水夫《かこ》のたった二人が、キリルの息子のアダム・ラクスマン中尉に連れられて、シベリアを東に還り、オホーツクから船出して日本へむかったのが一七九二年（寛政四年）のことだった。伊勢の白子を出帆してから、じつに満十年、ものうくもの狂おしい流浪の旅がやっと終ったのである。

さて、ここにこんなエピソードを紹介したというのも、日本人漂流民の保護といい、日本語学校の設立といい、ロシア宮廷の日本に対する好奇心、研究心がひととおりでなかったことを証拠だてたかったからだ。ところでエカテリナ女帝の宮廷そのものが、じつはこの光太夫拝謁のずっと以前から、日本の事情をかなりくわしく知っていたことは、まったく意外なほどだった。たとえば、帰国した光太夫らは寛政五年（一七九三年）九月、江戸城内吹上御殿で将軍家斉に謁してロシアにおける見聞を奏上したが、そのとき問答にあたった蘭学者桂川甫周の筆記『漂民御覧之記』のなかにも、

「問、彼方にて日本の事存居候哉

答、何事に係らず能《よく》存居罷在候　日本の事実を詳に記し候書物并《ならびに》日本の図抔《など》も見及申候

日本人にて桂川甫周様中川淳庵様と申御方の御名をバ何れも存居申候」

とあるとおりで、たぶん、スウェーデン人ツンベルグの著書『江戸参府紀行』などが、ロシア

人へのかっこうの日本案内になっていたのだろう。

さて、当時松前人はロシア人のことを赤人または赤蝦夷と呼んで恐れかつさげすんだ。そういうのは、彼らの赭顔のせいか、それともみな猩々緋《しょうじょうひ》の服をまとっていたせいか、そのどちらかはわからない。しかし、とにかく、赤人らは千島列島を次第に南下して、クナシリ、エトロフ、ウルップの島々を侵し、安永七年(一七七八年)には、ついに根室にあらわれて貿易を求めた。松前藩が鎖国令をお題目にこの交渉に応じなかったのはよいとして、このような一大事をあえて幕府に報告しようともしなかった。松前藩は禄高七千石をとくに一万石格に扱われ、参勤交代も五年に一度でよいというふうに、所領貧寒を認められて、万事幕府からお情け頂戴のありさまだから、とても諸侯なみの体面は保てない。肩身の狭さから、しぜんひっこみ思案のことなかれ主義になっている。ロシア人の根室来航の報告を怠ったというのも、それがきっかけでなにかと幕府の干渉をうけるのがいやだという以上に、現に領内で行なわれている密貿易が万一バレでもしたら、いったいどんなにきついお咎めをこうむるかと、ただただそれが恐ろしかったからだった。

ハンベンゴロ

しかし、これら北辺の椿事がいつまでも江戸に知られずにすむはずはなかった。ところで、日本人というのは、がんらいのんきなのか鈍感なのか、ロシア人がしきりに蝦夷地に出没するようになっても、はじめしばらくはこれを外国勢力の脅威というふうには受けとっていなかった。この泰平の夢まどらかな日本人に、頭から水をぶっかけるようなすこぶる劇的な警告者の役割を果してくれたのがいわゆるハンベンゴロなる人物である。ハンベンゴロとは、じつの名はフオン・ベニヨーウスキー、オランダ語で発音してファン・ベンゴウスキーが訛ったものだ。ハンガリア生れの伯爵または男爵と伝えられるが、例の工藤平助の著書『加模西葛杜加記《かむさすかき》』(天明三年正月づけの写本)によると、

「……ハンベンゴロはドイチ国(ドイツ)の人也。ドイチといふは、オランダの種類也。先年モスコビヤと合戦に及《および》、擒《とりこ》と成て都合五十余人、カムサスカへ流人と成、折を伺《うかがい》、此度船をぬすみて、東海を乗り、本国に帰らんとして、思はず日本に漂流す。然るに阿波の太守の御恵によりて、生命全きことを得たり。其厚恩を思ふにより、オランダ人に達して、此趣を日本へ事達《ことづて》し、謝礼を述べくれよと頼みたるよし」とある。

つまり、彼ベニヨーウスキーはまずポーランド独立運動の志士であり、ついでカムチャツカの流刑囚だったが、やがて一七七一年(明和八年)には蜂起して船を奪い波濤万里を越えて祖国にむかおうという大胆不敵の航海者でもあったのだ。たまたま阿波へ寄港して、食料薪水を恵まれたのを多として、彼は長崎在留のオランダ人を通じて、北方の危急を告げた。すなわち、同年七月二十日づけの書簡で、ロシアの船隊が海上を乗りまわして蝦夷地はじめ日本を観察し侵入を計画

していること、千島に砦《とりで》を築き武器をたくわえていることなどを記し、ついてはむしろこのさい日本からさきに船をだしてこれを防ぐべきであると勧めたのである。

ちょうどそのころ、ヨーロッパではロシアとイギリス、とくにロシアの日本侵略が懸念されていた。英仏がアメリカの独立戦争をめぐって互いに鎬《しのぎ》を削っているのをさいわいに、ロシアひとりが極東でうまい汁を吸うのではないか、なによりの証拠が数次にわたる遠征隊の派遣であり、シベリアへのコザック兵の増派であり、イルクーツクなどにおける日本語研究の奨励である、というふうに取沙汰されていたが、ことに揣摩憶測をたくましくしたのがフランスだった。

たとえば、ロンドン駐在のフランス公使ギース伯のごときは、エカテリナ女帝即位以来いちじるしく活気をおびてきたロシアの東方経略は、ひっきょう日本侵略にいたるべきは明らかだから、このさい――例の勇敢不屈の冒険者、航海者――ベニョーウスキーらを日本に派遣して、ロシア、それから英国の野心を未然に破砕すべきで、そのためにはひそかに日本に武器を与えて、これら二国の侵略に対抗せしむべきである、とときの外相ウェジャンヌ伯に献言しているほどである。

しかし、フランスがこんなに肩を入れるのも、なにも日本のためを思ってのことではない。つまりは獅子の分け前にあずかりたい列強の競争心のせいである。後年、幕末のころに、フランスが佐幕、英国が薩長尊王勢力のそれぞれのうしろ楯になり、その後の指導権を争ったことは周知のところだが、その対立相剋の種はすでにこの時期に芽をふいていたと見てよい。

さて、ハンベンゴロ、すなわちベニョーウスキーの警告が幕府を衝撃したことは言うまでもない。かてて加えて、この書簡を取りついだ長崎のオランダ人は、かねて種々の情報によってロシアの極東政策に深い疑惑と危惧を抱いていたので、それこそ尾ひれをつけて警戒をうながしたし、かたわら、さきに述べたように、工藤兵助が『赤蝦夷風説考』上下二巻を著わして開国海防の第一声をあげるというぐあいだったので、さすがののんきな幕府も急遽対策の樹立に迫られることになった。そこで勘定奉行の松本秀持は、工藤兵助を引見して、なお質問を重ねたうえで、ことの重大さと同時に、うまくいけば国富増進の機会ともなろうことを見てとって、意次の同意を得て、松前侯に蝦夷地の鉱産と対露貿易の現状に関する報告を求めた。

ところが、松前藩では、例のとおりの頬かむり主義だからろくな返事はよこさない。そこで業《ごう》をにやした意次政府は、天明五年（一七八五年）普請役山口鉄五郎、佐藤玄六郎らをはじめ一行数十名の調査団を派遣して、千島から樺太方面をさぐらせることにした。このために船二隻を建造し、商人苫屋《とまや》久兵衛に輸送と調達をまかせるなど、規模はなかなかおおがかりで、いくらか現代の南極探険隊の模様に似ないでもなかった。

開かれなかった窓

探険の結果は工藤平助の主張がけっして空論でなかったことを実証した。まさに幕府が北方に新たな布石をすべき時機だったが、じつはもう意次の政権そのものが余命いくばくもなくなっている。もしかりに、それがなお数年の命脈を保ったとしたら、はたして情勢はどうなっていたか。ロシアとの外交問題には、長崎におけるオランダのそれ以上に、日本の伝統的政策に一大転機を画するいろんなきっかけがあったのだ。しかし、意次は、鎖国令を解きたいなぞとはおくびにもだしはしなかった。ただ彼は北方問題を冷静かつ論理的に料理しようとしていた。彼の実利的な頭脳には、国防よりむしろ対露貿易の利害得失の計算のほうが重要だったし、それが端緒になって、蝦夷地の長期かつ大規模な開発までがもくろまれもするのである。だから、いっさいを総合塩梅《あんばい》して、それが利益というのなら、そして工藤平助流の開国論がもっと浸透流布して気運が醸成されたとしたら、意次が、好機をねらって、断固かの鎖国の鉄則を破砕する挙にでないでもなかったろう。

たとえば、例のチチングの観察（『図解日本記』）によると、意次は開国思想を抱いていたという。すなわち、幕府の見解は、外国人の入国がなんら危険でないのみでなく、かえって未知の科学技術を学び知る利益が大きいというのであって、一七六九年（明和六年）老中松平津守《つのかみ》（当時の若年寄の摂津守忠恒《ただつね》か？）は渡洋船舶の建造を許し、日本人の出入国を自由にし、外国人を誘致すべきむねの建議をしたが、これは彼の死去によって沙汰やみになった。

また、一七八三年（天明三年）当時の長崎奉行の丹後守（久世広民）からチチングに、バタビアから船大工を連れてきて船を造りたいと、斡旋かたをたのんできた。それはむずかしいので、そのかわり、自分が帰国のさいに日本人をともなって、造船技術を教えるようにしようと申しでた。しかし、国禁はやはり犯すべくもないので、やむなく、バタビアに寄港の折りに、船の雛形《ひながた》に説明書を添えて送ることを約束し、かつそれを実行した、と彼は書いている。

チチングのこの記録、ことに松平津守のくだりは文字どおりには信じられないにしても、久世広民に関する部分はチチング自身の体験でもあり、そうそう眉つばものとは見られない。なによりここで見のがせないのが、長崎奉行久世広民というのが、意次の眼鏡にかなって安永四年（一七七五年）に浦賀奉行から長崎奉行に抜擢された男であり、したがって意次党の有力な部将格に見られていたことである。とすれば、広民が、チチングにきわめてあけすけに相談をもちかけたり、チチングとそこらの日本人との親密な交際にいっこう平気だったり、オランダ人の船大工を招こうとしたりなどの態度は、つまりはときの宰相意次の心境なり意向なりを反映したものであったに相違ない。そして、そうした意次の方針そのものが、また、その子意知によっておおいに鼓吹され推進されたものだったことは、やがて述べるように、彼の死を悼んだチチングの愛惜痛嘆の口調からも察せられる次第だ。

ともあれ、徳川時代をつうじて、宝暦十年（一七六〇年）ないし天明六年（一七八六年）の、いわゆる田沼時代くらい日本と外国との接触が自由で、きっかけ次第では、いままでの国際関係が根っからがらりと変りそうな、そんな可能性をたぶんにはらんでいた期間は、あとにもさきにもなかったのである。

しかし、意次一党の没落とともに、自由な対外政策にも突然終止符が打たれた。政権を継承した松平定信は、万事が前任者とは逆の行きかただから、外交面でも、いったんゆるめられた鎖国政策をまたしっかりと締めなおして、批判的な蘭学者の意見なぞ容赦なく弾圧した。蝦夷地の問題にしても、貿易なぞまったく考慮のほかで、ただただ鎖国の貫徹こそがかんじんだった。しかも庶民が海防を論じることさえ不遜のいたりで、あえてこれを犯して罰せられたのが林子平だ。意次がわずかに開いた窓を、定信はまた固くとざしてしまったのである。

五章　運命の大詰

不運と不人気

意次に同情する者は、彼はひどく不運だったという。というのは、ちょうど彼が政権を担当していたころの時勢がどうしようもなく悪かったという意味だ。天変地妖というか、天災地禍というか、いろんな災害が踵を接していたったたことはふしぎなほどだった。明和七年（一七七〇年）から八年にかけて諸国はたいへんな旱魃に見舞われた。京都のお公家《くげ》さんの野々宮定晴の日記によると、明和七年の日照りというのは六十日あまり雨一粒降らずで、井戸の水がみんな涸《か》れてしまった。そんなとき、夜空に蒼白い彗星があらわれるかと思うと、おりから工事ちゅうの仙洞御《せんとうご》所《しょ》（太上天皇の御所）に怪しい風が吹いて、木片《こっぱ》が高く舞いあがった空には坊主のような形のものが飛んでいる、あれは天狗ではあるまいか、というような噂がもっぱらだったとか。

明和九年がまたひどい年だった。二月末、江戸に、明暦の大火事以来の火災がおこって全市を焼き払った。焼けた町数が六百二十八町、怪我人は六千百六十一人にのぼった。焼死者の数はわからないが、供養の五百羅漢の石像がいまも目黒の大円寺に残っている。かたわら奥羽はまたまた旱魃に見舞われ、やがて秋になると、九州、東海道、関東以北にかけて暴風雨が荒れ狂って、たとえば江戸の本所、深川は水びたしになり永代橋は吹き折られた。いたるところ、目もあてられぬ始末で、民は塗炭の苦しみをなめるというぐあいだから、明和九年はまことに「迷惑」な年だった。あまりにも苦難に満ちた不吉な年なので、元号を改めて安永元年とした。

めいわ九も昨日を限り今日よりは
　寿命ひさしき安永の年

と縁起を祝ってみたが、とてもそんなことで庶民の苦痛と不平不満が解消するはずがない。

年号は安く永しと変はれども
　諸式高直《しよしきこうじき》いまにめいわ九

せっかく改元にこめられた平穏無事の祈りがたんに裏目にでたという以上に、災害はますますつのるばかりのようで、翌安永二年には疫病が流行《はや》った。江戸で二ヵ月のあいだに十九万人も死んだほど猛威をふるったのだから、たぶんコレラかなにかだったろう。一般に伝染病の餌食になるのが下層階級である。このばあいもそのとおりだったが、いつのまにか上層にも飛火して、あろうことか、尾張侯徳川宗睦《むねちか》の子の治休《はるよし》までが感染して死んだ。それでまた落首が一つ。

御屋敷へ町からうつる疫病は
　はしめ中間《ちゅうげん》をわり（尾張）中将

その翌安永三年にも、こんどは仙台を中心に疫病が蔓延して、病者死者算無しのありさまだったうえに、関西は暴風と洪水にいためつけられた。すべてこれ安永元年意次が老中就任以来の出来事で、つまり、御難つづきというにほかならない。

その後しばらく小康を得たが、安永七年には京都と日向の洪水、その暮から八年へかけての伊豆大島と桜島の大噴火。安永十年（一七八一年）は天明元年と改められたが、その三年浅間山の大噴火と大飢饉とが重なって、酸鼻の極に達したことは冒頭に述べた。これで物情騒然とならなかったらふしぎだろう。どんなに有能な政治家でも、これほどつづいて自然の暴力にせめつけられては、とてもたまったものでない。災害の恨みは当然政治にはね返ってくるから、累年、意次の悪評が重なるのもむべなるかなで、例の野々宮定晴卿は、すでに明和九年に、悲憤慷慨して、こんなふうに書いている。

「今年頻《しき》りに凶災あり、天、暴厲《ぼうれい》を懲《こら》すか、然り而して益《ますます》不道を行ふ。万人憤怨す。是れ偏《ひとえ》に小人国柄《こくへい》（一国の政権）を執るの故《ゆえ》也」。

ここにあらわれているのは、儒教にいう天譴《てんけん》説の思想だが、これはまた当時の社会の通念でもあった。民衆は小児のように単純だ。民衆は、人間を善悪どちらかに分けないでは気がすまない。善人でないなら、悪人でなくてはいけない。そして善人悪人それぞれに型がある。はじめは悪人が栄えて善人が苦しむが、やがて天定まって人に勝ち、悪人ほろんで善人が栄える、ということになって民衆は拍手喝采する。すこぶる単純であるが、こういう筋書でなくては芝居も客に喜ばれない。

ところで意次は、事実、当時の戯作者たちが書いたように、歌舞伎の役柄としては赤塗りか青隈《あおぐま》の悪人型だ。この毎年の惨めさも、つまりは意次のような――たかだか二、三百石取りの、腰に二本棒をぶっこんで、そこらをいくらもほっつき歩いているような御家人が、とんでもない、目もくらむような高位高官にせりあがって、国の政事をもてあそんでいる報いなのである。世間の批判というのは、まことにおかしなもので、雲のうえのやんごとない王侯貴族には案外寛容だが、同じ身分や階級からの成り上り者に対してはたいへんきびしい。いうなれば仲間うちからどえらい出世をしたという、ただそれだけで、意次は世間から憎まれ悪人にされる資格が十分だったのだ。

人間、いったん不人気になると、ますます悪人型にしつらえられるのに恰好なことがつぎつぎとおこってくる。将軍家治の世子家基の急死がその一つだった。それはまったく突然のことだった。安永八年二月、彼は江戸近郊の新井宿《あらいじゅく》のあたりに鷹狩りを催して、たまたま品川東海寺で休息したが、そこで急に気分が悪くなった。急いで西丸《にしのまる》に帰る駕籠のなかからも苦しげな唸り声が外に聞えたというほどで病状はじつに容易でない。帰城して床につくのももどかしく、医師らがはせ参じて脈をみるやら薬をのますやらしたことはもちろん、父家治、母お知保の方はじめ近侍のものたちが枕元につきっきりで、必死に看護したかいもなく、家基はまもなく悶死した。

なにしろアッというまの出来事だっただけに、まるで夢みたいである。なるほど父家治に似て、かねて蒲柳《ほりゅう》の質ではあったが、それにしてもこれはあまりにもあっけないし、なんとも納得ができない。聡明で慈悲深いことで評判の家基が、花の蕾の十七歳で、忽然として他界したのだから、世間はひとしお彼の死を悼むと同時にいろんな疑心暗鬼を生じた。なかでも、いちじるしいのが、家基の鷹狩りに侍医として従った池原雲伯というのが、意次の意をうけて、毒薬斑猫《はんみょう》を一服もった、という風説だ。その理由というのが、こんな出来物《できぶつ》に将軍になられては、自分の地位が危いし政治がしにくくなるから、というまことにたあいもない、およそ合理的《リーゾナブル》な根拠を欠いたものなのである。

ところで、意次が陰で操ったという殺人説はこれだけにとどまらない。噂によると、意次は苦手の役人の久世大和《くぜやまと》、依田豊前《ぶぜん》を毒殺した。腹心の典薬池端雲黒（池原雲伯と同人か？）をはるばる尾張まで派遣して、こいつの調合した薬で尾州侯を殺そうとして果さなかった。はては——やがて述べる——将軍家治の死までが、彼の手先の町医者の匙加減によったのだという。そのほか、ちと滑稽なのが、閣内の実力者板倉勝清や松平武元を屠《ほふ》ったやり口で、意次がこれら御老体をむりやり鷹狩りにひっぱりだして、山野を駆けめぐらせ、足腰立たぬまでヘトヘトに疲れさせて、それがもとで死ぬようにした、というのだから、これはなんとも凝《こ》りに凝っている。

こうしてみると、意次という男は、邪魔者は殺せ式の稀代の殺し屋みたいなことになるが、じつはなに一つ証拠らしいものがあったわけではない。彼がそんな阿呆《あほう》みたいなことをするわけもない。すべては世間が狂言もどきにおもしろおかしく仕組んだ話にすぎないのだが、しかし、どだい世間というものは不合理な噂が好きなのである。とは言うものの、そんな噂がまことしやかに流布するところに、当時の人知の暗さと意次の不人気がうかがわれるというものだ。

もうほんのそこまで文明開化の波が寄せてきてはいたが、まだまだ人知蒙昧、彗星に恐怖をきたし、旋風を天狗のせいにし、そこらの暗がりには幽霊や化物《ばけもの》が出没する時代であった。医者がまだ医学者ではなかった。医者の杉田玄白、前野良沢の二人が刑場小塚原にでむいて、「青茶ばばあ」という渾名の五十がらみの悪女の刑死体を、係りの老人が執刀腑分《ふわけ》（解剖）するのに立ち会って、人間の内臓が蘭書『ターヘル・アナトミア』の絵図どおりであることをはじめて知って感嘆感銘したのが、意次が老中格のころの明和八年（一七七一年）のことである。

当時の迷信深い世相を示す例をもう一つあげると、天明七年（一七八七年）に麹町十三町目の住人下駄屋甚兵衛なるものが幕府に奉った建白書のなかに、「四文銭之裏に、青海波之形御座候も、皆其大水《みなそのおおみず》にて御座候得ば、浪と成《なり》水の体《たい》をうごかし候故、自然と雨を催《もよおし》候様に相成可申《もうすべき》道理と奉存候《ぞんじたてまつり》」とある。つまり、近年洪水が多いのは、意次の鋳た四文銭の裏模様が波浪を描いているからだというわけで、これまた彼の罪状の一つにあげられている。こんなぐあいだったから、意次の進歩的、合理的政策の展開をはばんだのが、たんに定信らの保守的貴族勢力だけだったとも言えないのである。なにしろ時代そのものが、社会一般の精神状態《メンタリティー》が、まだまだあまりにも暗かった。そして、そのようなおよそ暗愚なるものの圧力が、意次のうえにどうしようもなく重くのしかかってくるのである。

家基の急逝を、母のお知保の方が身も世もなく嘆き悲しんだことはいうまでもない。かけがえのないわが子、いずれは将軍の後を継ぐべきわが子が、まるで通り魔にさらわれたように、一瞬の間に亡くなって、呼んでも叫んでも二度と帰らなくなったのである。悲嘆のあげくは、なにかを、誰かを、恨みたくもなる。亡き家基の鎮魂のために、彼女にはどうしてもスケープゴート

（犠牲）が必要だった。そんなおり、意次が家基を毒殺したのだという例の噂を、お知保の方の耳にそっと吹きこむものがいた。いずれ、ひごろ意次に心よからぬ奴の仕業に相違ない。彼女は動転し、そして憤怒にからだをふるわせた。

もともと、御年寄松島の希望をいれてお知保を家治の側室にしてやったのが意次である。それからは、いうなればお互い持ちつ持たれつでやってきて気心もよく知れている間柄だ。その彼が万が一にもそんな非道な空恐しいことをたくらむはずがないくらいはわかりそうなものだが、根が狭斜《きょうしゃ》の育ちのお知保の方には、そんな知性や良識はない。以来、大奥の一角に、彼への呪詛《じゅそ》の青白い炎がいつまでも燃えつづける。こうして彼は、まったく罪もないのに、かんじんなところに大敵をつくってしまった。彼の権力を支える鉄桶の守備の一角に大きな亀裂が生じたことは否むべくもない。

意知の暗殺

意次の運命の星はなお大凶の座を去らない。権勢の絶頂にある彼の足もとには、いつか没落の暗い穴がポッカリ口をあけていたのだ。天明四年（一七八四年）三月二十四日の正午ころ、老中につづいて若年寄の酒井石見守忠休《ただよし》、米倉丹後守昌晴《まさはる》、太田備後守資愛《すけよし》、それから田沼山城守意知《やましろのかみおきとも》の順で殿中から退出していた。中の間を通りかかったとき、衝立のかげからやにわに一人の男が躍りでて、「待て、山城守」と声をかけざま、振りむこうとする意知の肩先へ斬りつけた。男はなお「覚えがあろう」とあえぎ叫んだ。なにしろ、とっさのことで、太刀を合わせるひまもない。意知は上下《かみしも》の長袴に足をとられてよろめきながら、必死に桔梗《ききょう》の間のほうへのがれた。それを男はなおも追いつめて、二度、三度白刃をふるった。深手を負った意知がついに廊下に倒れて、血の海のなかでもがきのたうっているところへ、大目付松平対馬守が駈けつけて男を羽がいじめにし、目付柳生主膳正が刀を奪いとった。

この凶漢は新御番《しんごばん》(職名、将軍の出行に警備を掌る)の佐野善左衛門政言《まさこと》、禄高五百石の旗本だった。意知は駕籠で自宅へ運ばれたが、重傷のために二十六日の明けがたに死んだ。政言もまた、所領を召し上げられ切腹を仰せつけられた。異変の顚末は一応これだけだが、さて、刃傷の原因はなにかというと、それがよくわからない。世間ではいろんなふうに取りざたした。一説は家系に関するものである。

田沼家は佐野の末流というのだが、系図がはっきりしない。そこで、手をまわして、佐野善左衛門政言が大切にしている系図が見たいと言って借用したのはよいが、そのまま、政言がいくら催促しても返してくれないし、たずねていっても門前払いを食わして会おうとさえしない。その無礼さが、どうにも腹にすえかねてやったのだ、という。あるいは、意知に出身出世をたのみこんで、しきりに賄賂を贈ったが、さっぱりききめがないので業を煮やして殺意を生じたのだと言い、さらには、将軍が木下川《きねがわ》筋で狩りを催したおり、政言もお供して、みごと鳥を射とめたが、意知がそれを見て、これは善左衛門の矢ではないと言って功を奪ったとか、憶測はさまざまだが、これという決め手はない。

いちばんもっともらしい系図の件にしてからが、詐取した理由が、それで田沼が佐野の嫡流を名乗ろうためだったというのだから、これはお笑い草にちかい。佐野の家系は寛永譜や貞享譜などに明らかに記載されており、幕府の書庫にもちゃんと保存されていたことだから、政言の系図を奪ったところで、それで血統がいまさらどうなるものでもなかったからだ。政言には、意知殺害の理由を記した、いわゆる『佐野書置十七條』なるものがあるが、それらはもっぱら意次の非違秕政を弾劾したもので、「依之不得已《これによりやむをえず》……可致殺害之《さつがいいたすべきの》処」、かわりに意知を屠ったのは、「倅山城守を致殺害候得ば自分親主殿頭同様に相成候事故」すなわち、息子を殺すのは親を殺すも同然だからというにいたっては、こじつけもはなはだしく、この「書置」がとんだ偽物であることを証明している。

しかし、漠然とながら、その理由らしいものが想像できないでもない。しぜんと浮んでくるのは、同じ佐野の流れを汲みながら、田沼父子の赫々たる威勢にひきかえて、さっぱりうだつのあがらないのを歯ぎしりしてくやしがっている、凝り固まった偏執狂ないしは抑欝症らしい男の陰惨な風貌である。彼にはこんな自分の境遇が納得できないしがまんがならない。田沼父子はいまそれこそ飛ぶ鳥落す勢いで、意のままに政務万端を料理しており、世間がおどろくほどの抜擢もずいぶんやっているのに、この俺におかまいなしとはいったいどうしたことか。がんらい田沼の主筋にあたる俺が、ようやっと旗本のはしくれとはおかしいではないか。

彼は意知を訪問して、地位と禄との斡旋を依頼した。ところで、親父まさりの聡明で切れものの意知には、自尊心だけは人一倍ながら愚劣で粗雑なこの男の言草なぞに耳をかす気持はない。若いだけに歯に衣を着せぬ返事をして、追いかえして、また会おうともしなかった。と、まあざっとこんなふうに想像しよう。はために はさほどのこととも見えなくても、しかし、政言のような男にとっては、その打撃と屈辱感がとうてい耐えがたいものにもなるのである。一本のマッチの火が大事にいたるのたとえどおり、こんなきっかけが政言を逆上させて、意知の死と彼自身の破滅をもたらしたのだろう。殿中刃傷の原因は、まず政言の性格そのものにあったと見るのが妥当のようである。

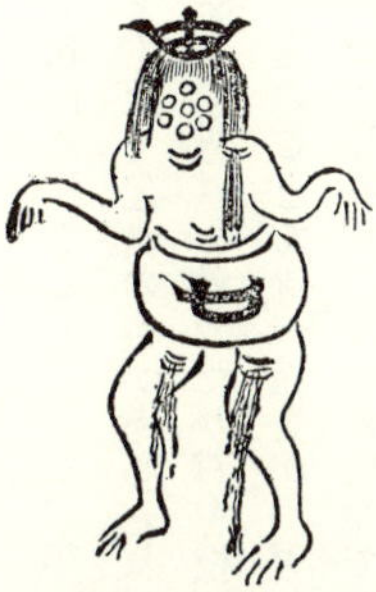
七ツ目小僧

意知横死のしらせが巷間に伝わると、とたんに米が安くなったとかで、世間はもう有頂天のおおうかれだ。善左衛門政言はたちまち「世直し大明神」に祭りあげられ、浅草徳本寺の彼の墓には有縁無縁に論なく参詣者が雲集した。かたわら、意知の葬儀はみじめだった。葬式は四月十二日に菩提所の駒込勝林寺で執行されることになり、葬列が神田橋の屋敷をでて三河町のあたりにかかったころ、どこからともなく乞食の群があらわれてしきりに施しをせがんだ。かまわずに進んで行くと、乞食どもは怒って悪口を言ったり石を投げたりしはじめ、おいおいそこらの町人までがそれに加わって、やっとのことで寺へ棺をかつぎこむという情けないていたらくだった。

なにしろ、これは大事件である。戯作者山東京伝はさっそく筆をとって黄表紙『時代世話《じだいせわ》二挺《にちょう》鼓《つづみ》』を書きおろして、藤原秀郷（政言）が平将門（意知）の首をはねて七筋の血潮が吹きあげるさまの、喜多川歌麿門下の行麿《ゆきまろ》の挿絵を加えて、おおいに売りまくった。落書、落首の類がこんなに多く出まわったのも前代未聞のことである。

たとえば「七眼小《ななつめこ》蔵《ぞう》（小僧）」と題して、奇怪な漫画に注釈を加えたのがあった。

七眼小蔵

天明死《し》太刀《たち》年《どし》

山城院《やましろいん》殿中剣難血《ち》五位下《いげ》大居士

三ヶ血《ち》二十四日

こんな位牌のごときにつづいて、

是は遠州相良乃城に近年住みたる化物、目が七つ、肩先両股《りょうもも》に口三ヶ所。諸人の金銀財宝を取《とり》喰《くらい》、多くの人をなやまし、ひたひに角《つの》三本。誠に親の因果が子にむくい、此度御当地に於て、打留《うちとめ》ました。善左衛門のはなしのたね、サア御老中ウ御老中ウ。

とある。念のため、この絵解《えとき》をすると、七つの目は田沼家の紋、肩先と両股の口とは意知の負傷個所、額《ひたい》に角三本は山の字で山城守を意味している。また落首には、

斬られたはばか年寄と聞くとはや
　山もお城もさわぐ新番
桂馬から金になる身の嬉しかり
　高上りして歩にとられけり
諸大名むしように憎む七つ星
　今しくじれば下《しも》の仕合せ
剣先が田沼が肩へ辰のとし
　天命四年やよひきみかな

などなど、やんわり諷するというより、意知への憎悪をあらわにぶちまけるといった調子である。こんなに彼が痛罵を浴びるというのも、つまりは、意次が当時の社会にどんなに人望を失い不人気で怨嗟の的になっていたかの反映でしかない。

ところで、こんなに世間が騒いでいるのに、そして、身の不幸を哀れまれるよりかえって痛快がられているというのに、意次はむしろ平然としていた。まだ三十六歳の若さの働きざかりの最愛の子を失ったのだから、さぞかしがっくりときて寝こんで涙にくれているかと思うとそうでない。悪い噂も知ってか知らずか、つねのとおりシャンとした姿勢で、一見どこ吹く風という面構《つらがまえ》だったから、それがまたいっそう周囲の反感をそそった。ひとびとはその面《つら》にくさを、
「忰《せがれ》事は……既に佐野某の為に遂《ついに》横死候程の悪行跡、恥辱無此上《このうえもなき》事に候、其節も愁傷恐懼《きょうく》の顔色少も無之、洪然たる勤方《つとめかた》言語に絶し、甚以《はなはだもって》人情に違い候様子にて候」(『翁草』)
と決めつける。しかし、傲岸不屈はうわべのことで、愛児であり、知己であり、またとない政治的盟友でもあった意知の横死にあって、悲しくないはずがない。憂いは彼の眼の奥深くに宿っているのだが、語らなければわかってくれるものもない。かえって、人なみの神経の持主でないというふうのそんな悪評までがつみ重なる始末だった。
しかし、いまあれこれデータをあたってみると、意次のはなはだしい不人気は、故意にでっちあげられ、ひそかに巷に流された形跡がたぶんにある。たとえば、チチングがローマ字で記した当時の落首の一つにこんなのがある。

Fa tsi ou ye te

Ou me ga sa kou ra to
Sa kou fan na wo
Ta re ta ki tsou ke te
San no ni ki ra se ta.

このローマ字の綴りは、いかにも外国人が耳で聴いたままに書いたものといった感じがおもしろいのだが、日本文にすれば、

鉢植えて梅か桜とさく花を
　たれたきつけて佐野にきらせた

となるだろう。これは、だれか教唆煽動するものがあって、佐野善左衛門が前途有為の青年意知を斬った、という意味である。

このような見方に多少とも賛成らしい歴史家として、まず白柳秀湖氏は、もう従来の元勲・門閥の手ではどうにもできなくなった幕政の行詰りを、新人材が下士階級から抜擢されて政府の首位につき、窮通打開につとめたことを意次登場の意味として、「かれに対する悪声の半《なかば》以上は、

その手腕力量に対する元勲・門閥側のにくしみであったと見てさしつかえない」（『日本民族歴史』）と論断する。

ついで、辻善之助氏も意知暗殺について、「ある一部の社会では、善左衛門のこの挙は公憤から出た事で、その背後に、顕著なる地位に居る所の人物が関係して居たやうに伝へられたのである」（『田沼時代』）と言い、例のチチングもまた、有志が、田沼父子の革新政策をつぶすために、若い意知を殺して、その将来の展開を未然にふせいだのだ、との噂話を書きのこしている。とすれば、善左衛門政言の意知殺しの原因は、誰かにそそのかされてやった政治的謀殺で、私がさきに書いたような、猟官運動に失敗しての意《い》趣《しゅ》晴《ばら》しだったとは言えなくなる。両説のうち、私があえて前者によったのは、殺しの現場で政言が「覚えがあろう」と叫んだという、その言葉には公憤や義憤より自分一身のことにかかわっている響きが強いからだが、しかし、いずれにしても、政言の性格はたやすく人に動かされやすい。

かりに公憤説によるとして、以後を推理小説家の筆にまかすとしたら、さしずめ登場するのが松平定信である。反意次の悪性の風説製造家、同時に政言の不遇につけこんで、これぞ天下国家のためというように吹きこんだ、意知殺人事件の黒幕に彼は仕立てられるだろう。事実、山本周五郎氏も、そのように小説の筋を仕組んでいる（『栄花物語』）。そして、それがまんざら的外れでないというより、むしろおおいに理由ありと思われるのは、やがて読者が知られるように、そのころの定信は意次に対してひそかな殺意をさえ抱いていたという事実があるからだ。ともあれ、意次の悲劇の幕が進むごとに、陰でにんまりほくそえんでいるのが定信だった。

悲運に抗して

「いわゆる一葉落ちて天下の秋を知るでなく、一子殺されて、田沼の秋は来たったのだ」とは蘇峰翁の感慨である。いよいよ意次の運命の大詰というわけだ。運命という言葉にはなにか悲しい響きがある。人生においてはなにごとも偶然であり、または必然である。だからこそこれを運命というわけで、万事が必然なら、そしてまたいっさいが偶然なら、そんな観念は生れない。必然と偶然とが綯《な》った縄のように重なりあいまじりあって区別しにくいからこそ、人生は運命なのである。そして、そのどうしようもなさが、悲哀感を誘うのだろうか。という意味でまさに運命的な、意知という青年政治家の死は気の毒にも、父の不評の泥をかぶって世間から痛快がられさえしたが、彼はいったいどんな男だったのか。チチングの評価はこうだ。

「高位にあって政府の要路をしめる者の多くが、なお日本を世界第一等の国と考えて国外のことにはほとんど注意を払わなかったが、賢明な人たちは、このような人々を〝井戸の中の蛙〟と比喩的に呼んでいた。上を見あげても、大空が壁にかこまれた小さな円周以上には見えないという意味である。消息通の眼はもうずっと以前から、将軍の叔父にあたる（筆者注、これは間違い）老中主殿頭の子息で、非凡な能力を持つ青年、ことに進取の気性の旺盛な田沼山城守にそそがれていた。彼が父のあとを襲うときこそ、道が大きく開かれるものと期待されていた。彼が若年寄に任命されて以来、彼とその父とは、さまざまの革新をおこなったが、それが国を危くするというわけで、徳川一門の憎悪と非難をこうむった。彼は一七八四年五月十三日（筆者注、陰暦三月二十四日）、私が『日本年史』に書いたように、佐野善左衛門の手で暗殺された。この犯罪は、外国人に向って国を開き、そしてまた日本人が外国を訪問する、という望みのすべてを断ちきった。しかし、そのような計画を達成させるには、真に開明された精神と堂々たる性格をもった一個の大丈夫こそがもっとも必要なのである……」

チチングは、このように意知の死を哀惜する。しかも、意知を父に劣らぬ可能性に恵まれた俊敏かつ剛腹の人材だったと見るのは、けっして彼だけではない。とすれば、意知が天命を全うして父の政治路線を精力的に展開していったとしたら、日本の開国が安政条約からはるか半世紀も前に遡らないでもなかったろう。もしそんなことになったら、はたして明治維新があったかどうか、いつどんなふうに社会が変革されたろうかなど、しょせんは実現されなかった歴史というわけで、「神のみぞ知る《ゴッド・ノーズ》」というほかはない。

落日の速度は意外に早い。沖天を過ぎた意次の命運は刻々に弧を描いて落下しているのであるが、いったい彼はそれに気づいているのか。彼の運命といえば、かつてこんなことがあった。意知を葬った駒込の勝林寺は、田沼家の菩提所とは言いながら、もとは禅宗妙心派の寒々とした貧乏寺であった。意次が閣老となり世にときめくに及んで、金を寄進してこれを修理改築させた。工事が終ったころ意次が参詣してきた。見違えるほどりっぱになった寺のたたずまいを、彼は満足げに見まわしていたが、やがて庫裡で住持の接待をうけた。

「結構な寺になったな」

「はい、万事殿様のおかげでございます。まことありがたき仕合せ、謹しんで御礼を言上つかまつりまする」

「いやいや、檀家の縁深きによってしたまでのこと。これで身どもも安心した。どうじゃな、御坊もさぞ満足と思うが」

「はい、しかしながら……」

と、和尚は眼を閉じた。なぜかさほど嬉しそうでもない。

「どうされた」と意次が声をかけた。和尚は、やおら顔をあげて、

「されば申上げまする。伽藍の善美、もとより喜ばぬではございませぬ。とは申せ、寺の構えの善し悪しよりなにより、ただただ殿の弥栄《いやさか》こそが第一でござりまする。憚りながらこの和尚、このところ御運勢のなりゆきがいささか心もとなく……案じられてなりませぬ」

と臆せずに言った。これは『甲子夜話』ちゅうの一挿話だが、してみると、和尚はまだ盛んな

ころの意次に早くも落運の兆しを見てとっていたわけで、その後のなりゆきは、「果して和尚前識の如くなりぬ」に違いなかった。

意知の死の翌年の天明五年といえば、意次はもう六十七歳の老境にある。うまれつき健康だとはいっても、さすがに肉体のおとろえは否むべくもない。権力の座にあることもすでに久しいし、まして意知を失った打撃は痛烈だったのだから、世のつねの人間なら当然ここらで引退を決意してしかるべきである。まして四面楚歌にひとしいというのに、やめる気配を見せるでもなく、世評なぞいっこう意に介する様子もない。かえって心を励まして、至難な局面に立ちむかうというふうだったから、これはなんとも驚きいった強靱な性格と言わねばならない。いま彼が心血を注いで進めているのは、例の工藤平助の建策によって派遣した蝦夷地調査隊の報告に基ずいて、この広大な処女地を開拓するという、まさに破天荒な計画だった。

ねらいは農業生産と鉱物資源の開発であり、同時に無人の辺境にマン・パワーを扶植してロシアの侵略に対抗しようとするのである。そして、その植民のためには弾左衛門の配下七千人を中心に、その他六万三千人、計七万人が予定された。そのころ、弾の支配する人々は関八州で一万戸足らず人別高三万三千人、諸国のそれはおよそ二十三万人と算えられていた。そのなかから引抜いてつくった七万人の系列集団をはるか蝦夷地に移そうというのだから、たんにスケールが大きいだけでなく、犯罪人をシベリアやオーストラリアに植民した外国の例にもいくらか似て、なんとも奇想天外な、ずいぶん思いきった政策ではあった。しかし、意次が本案に最後の断を下して実施を命じたのが天明六年(一七八六年)二月十四日、まさにその失脚の寸前なのである。

飢えた猛獣

しかし、これほど勇断果敢で知られた政治家が、かたわら、どうにも決断しかねて久しく困惑しきっていたのが、まえにものべたように、松平定信の執拗きわまる猟官運動だった。定信のしばしばの田沼邸訪問を怪訝《けげん》に思った、腹心で腰巾着の三浦庄二や松本秀持らは、やがてその来意を知るに及んで愕然として、お家の一大事とばかりに断固拒絶を進言したというのも、田沼派が諸所に張りめぐらした秘密のアンテナは、定信一党の物騒な動きをほとんど細大洩らさずとらえており、危険を伝えるフォーンは絶えずけたたましく鳴りひびいていたからである。それを知ってか知らずか、定信はあいかわらず臆面もなくやってくる。彼の願いを容れることは、つまりは意次の幕閣に獅子身中の虫を飼うことになるだろう。しかし、それをむげにことわれないのは、定信の高貴な血筋とその派閥の強い後押しがあるからだ。

半面、こうして田沼邸へ足を運んでくる定信の心境はいったいどうだったのか。後日、彼が将軍家斉に奉った意見書にはこうある、「別《べっし》て近年紀綱相ゆるみ、さまざま恐入候事共有之候付、誠に志士之死をきはめ候処と存候て、中にも主殿頭心中不得其意《そのいをえず》奉存候に付、さし殺し可申と存、懐剣までこしらへ申付、一両度罷出《まかりで》」たが、しかし意次を殺すのは、将軍の不明を天下にさらけだすようなもので、かえって不忠と反省してやっと耐え忍んだのだという。けんのんな話だ。こんなふうに蘇我入鹿を誅殺した中臣鎌足を気負っているのが定信だから、ときにはその殺気がヒヤリと意次の肌に伝わらないでもなかったろう。にもかかわらず、天明五年十二月、意次はとうとう定信を溜間詰《たまりのまづめ》に任命した。

溜間詰という職は、ときには老中と政務を議し、ときには将軍の顧問となって意見を上申できるのだから、閑職か閑職でないかはその人次第という地位だ。そんな枢要な地位に定信をおくのはどうしたことか、自殺行為ではないかと、歴史家たちは小首を傾ける。「田沼は未だ定信の何人であるを気付かなかったの乎《か》。将《は》た彼の権力も既に退潮に傾き、之を支へんとするも能《あた》はなかった乎」(蘇峰)というがごとくだ。

じつは意次は定信が恐るべき敵であることは百も承知している。しかもこの挙にでたのは、将軍の彼への信頼こそまだ絶大だが、彼をめぐる諸条件があまりにも悪かったからだ。従来、どんな困難にも屈したりひるんだりしたことのないさすがの彼が、今度ばかりはすっかり困りはてて、遅疑逡巡のあげくが、ついに定信の圧力に一歩退いてしまった。たしかに気力が弱っていた。なにより意知の死が彼の不撓不屈の自我と自信を侵蝕していたのだ。定信の溜間詰任用は、つまり、老いて弱りめの意次が若くたくましい政敵に対してとった、せいぜいの妥協宥和策であったのだ。

しかし意次に迫っている飢えた猛獣は、こんな一片の肉くらいでは満足しなかった。定信が欲しがっていたのは老中の座、ゆくゆくは政権そのものという極上の饗宴だったから、とてもこれで満足するはずがなかった。だから、腹の中では意次の追い落しを念じながら、あいかわらず意次詣でに励むという、なんとも矛盾した腹黒さで、そのへんの彼の心境は、前に引用した、彼の家斉への意見書のつづきに、

「(私儀溜詰罷成候《たまりづめにまかりなり》うへは)……私所存には、誠に敵とも何とも存候盗賊同前《どうぜん》の主殿頭へも、日々の様に見舞、兼て不如意の中より、金銀をはこび、外見には、誠に多欲の越中守(定信)とわらはれ候をも不恥《はじず》……」と明らかに記されている。つまり、そのころの定信は、表は微笑と追従をもっぱらにして意次に接しながら、裏では種々相手覆滅の手を打っていたのである。巧言令色の陰にはすさまじい怨みが匿《かく》されていたわけで、これは儒者の定信にあるまじき背徳に相違ないが、それだけ彼も必死だったわけだ。

こうしたなかで、定信は意次攻略のための絶妙至極の一手を考えついた。それは一種の苦肉の計だった。いうなれば兄弟牆《かき》に相鬩《せめ》ぐていの田安、一橋両家の不和のいきさつはすでに書いたが、そんな両家の和解をはかると同時に、昨日までの敵一橋治済を抱きこもうとしたのである。ねらいは自分と治済との連合であり治済と意次との分断である。すでに治済は将軍家治の世子家斉の実父として、三家三卿きっての実力者である。吉宗の孫という名門ちゅうの名門の定信が、いま

なお膝を屈し頭を垂れて、みずからの地位の斡旋を哀訴嘆願しなくてはならないほどの大勢力を、かの御家人あがりの卑しい意次が握っているというのも、将軍家治の支持はもちろんとして、この一橋治済の後楯が大きくものをいっているからだ。だから意次、治済の握手を解き放って、かわりに自分と治済との連合を成立させさえすれば、打倒意次のもくろみも八、九分どおりは成功と、定信は考えるのであった。それにしても、定信に、いったいどんなそのきっかけがあるというのか。

ある日の昼さがり、一橋家の門前に供揃《ともぞろえ》いかめしい駕籠が着いて、松平定信の訪問を告げた。久しいあいだ、田安、一橋家お互いの往訪がなかったおりだから、これは一大事件であった。ちょうど治済がいあわせ、定信は奥に案内されて彼と対面した。たえて久しい無沙汰を詫び、今後はお互い近い親類筋としてかくべつ昵懇《じっこん》にねがいたいと、ひれ伏してたのんだのが定信だった。先方から、こう下手にでられては、治済としても異存のあるはずもない。定信という男の行動の型は、その頻繁な意次訪問の場合が示すように、直情径行というか直截簡明というか、目的に対してはきわめてストレートであるうえに、それを達するまでは梃子でも動かぬ、といった粘りがある。定信が切りだした。

「おねがいというのは、ほかでもござりませぬ。御承知のとおり、先年、兄治察《はるさだ》みまかりましてより、田安家には後継ぎがござりませぬ」

「なるほど、身どもも陰ながら案じておりまする」

と治済が言った。と定信は言葉をついで、

「恐れいります。田安が実家ということであってみれば、拙者も知らぬふりもできませぬ」

「いかにも」

「ついては、はなはだぶしつけな申し分ながら、いかがでござりましょうな。当一橋家のしかるべき御方をもって、田安の家名をお継ぎいただくこと……」

「つまり、養子ということでござるか」

「仰せのとおりでござりまする。ならば御子息のうちから……。さいわい願いがかないますなれば、田安一統さぞ安堵いたすでござりましょう」

こう口説かれて、治済の心が動かぬはずはない。なにせ彼は子福長者で、それぞれの行末に心をくだいているおりだから、そのうち一人を定信のたのむとおりにして、天下の名門田安家を継がせるというのは、いかにももっけのさいわいである。しかし、待てよ、と治済は思う。定信の申し出を受けるかどうか、差しのべた手を握るかどうかは、たしかに問題だった。治済は、かねての定信と意次との対立相剋を、激しい鍔《つば》ぜりあいを、よく知っている。そこで判断すれば、いま定信の養子縁組の話を受けることは、彼とのっぴきならぬ間柄になると同時に永年の盟友意次には背をむける羽目になる、ということなのである。

治済というこの甲羅を経た狸には、定信の魂胆がちゃんとわかっていた。彼は定信の意外な出かたと、その政治的な読みの深さに舌を巻きながらも、改めて定信か意次かの二者択一をじっくりと思案するのである。なるほど、意次の家斉擁立の功は絶大であり、おおいに多としなくてはならない。しかし、このごろの評判の悪さ、敵の多さはどうだろう。年も年だし、いずれ没落もそう遠いことではあるまい。この眼さきの利く男には、もう意次の落目がはっきりと見えているのであり、こんなふうに考えてみると、意次の氏素姓もたしかでない育ちまでが、いまさらのようにうとましくなる半面、定信とは血縁の貴族同士という親近感も湧いてくるなど、あれこれ思いあわせて、治済はついに腹を決めた。治済の子を田安家のあと継ぎにというのは、まことにみごとな切札だった。そのききめはやがて政局をどんでん返すことになるだろう。こうして密約が成立して、両者は政治的に提携し、のちの天明七年六月には治済の五男斉匡《なりまさ》が田安家の養子に迎えられる運びになるのである。場面の暗転につれて、一橋家の外戚島津重豪も、しぜん意次と袂を分かたないではいられなくなる。かりに重豪が意次との友情に忠実だったにしても、治済を離れては、彼の中央政界への発言力はさほどのものでない。とにもかくにも、治済は意次を裏切ったのだ。牛を馬に乗り換えたのである。運が傾くと、人はとかくこんな目にあう。狡兎死して走狗烹《に》らる、とはこのことだった。

最大の凶事

弱り目に祟《たた》り目と、天までが意次になおも追い討ちをかけてくる。天明六年（一七八六年）六月から七月にかけて関東一帯に「大雨……利根の水、日比《ひごろ》に十倍し、さばかり築き設けたる堤一時に崩れ、門扉悉く流れ行き、沼も川も一面になりぬ」（『鹿島参詣記』）という大洪水になった。水の余勢は江戸市街にも氾濫して、新大橋、永代橋を押し流し、溺死者無数、江戸開府以来の大水と言われた。このときまでに、印旛沼の工事は、すでに平戸から検見川までの運河を開くところまで進捗しており、その土で堤防を築き水路には堰をつくっていたのだが、この大洪水のためなにもかもめちゃくちゃになってしまった。享保以来の大計画が、またも挫折の憂き目をみたのだ。

そこで、またぞろ頭をもたげてきたのが、徳器備わらざる小人が政事をもっぱらにするがゆえに天がこれを咎めたのだという例の天譴説である。もっとも『鹿島参詣記』の著者なぞは、「天変地妖は、人力の測り知る可きにあらねば、強《あなが》ち侯の過《あやま》りとも云ふ可らず」と言ってくれてはいるものの、世間一般はこれを意次の罪状の一つに算えて、彼の悪名にさらに、辶《しんにゅう》がかかる始末になったのである。

しかし、そんな世間の悪評くらいはまだまだよい。長年悪い噂に悩まされ、いじめ抜かれてきたあげくには、もう意次の体内には一種の抗体ができている。だから、痛くもかゆくもないとまでは言えないまでも、さほどこたえはしない。しかし、そんななま易しいのではなくて、意次にとって、およそ考えられるかぎりの最大の凶事がおこった。というのは、意次の守り本尊の将軍家治が天明六年八月なかばに発病して、容易ならぬ病状に陥ったことである。もし将軍に万一のことがあれば、意次の立つ瀬はもうどこにもない。

彼はひどくあわてて、明和以来顔見知りの町医者日向《ひなた》陶庵と、それから若林敬順の二人を将軍の病床に送って治療にあたらせた。医者は身分や位がどうこうより腕こそがかんじんで、奥医とか町医とかの格式にかかわるべきでないという、いかにも意次らしい判断からしたことだが、これがとんだ失敗だった。彼らの処方した薬がさっぱり効かないで、将軍の容体はいちだんと悪化したから、意次は窮地に追いこまれてしまった。日向、若林とも当時天下に鳴った名医であり、ことに陶庵はすでに明和二年に『本草綱目考異』という医学書まで著したほどの学殖豊かな練達の士だったが、家治のばあいがいわゆる「薬石効なし」の死病とあっては、どうしようもなかったわけだ。しかし世間は、意次がまたまた罪を重ねたものとして、たとえば「ちょぼくれ」は、こんなふうにはやしたてた。

「……出入のあんまを取立《とりたて》、おいしゃ(医者)とこしらへ……夫《それ》から取立医者めが、薬がちがって、因果とわっちがをちど(落度)になりやす……」

その八月は、ジメジメと湿気の多い、やりきれないほど暑い日がつづいていた。意次自身暑気にあたって自宅へ引きこもっているところへ、将軍危篤の知らせがあった。意次は病軀をおして急遽登城した。長廊下を走りすぎて、将軍の病室間近にきたとき、やにわに御小納戸頭取衆《おこなんどとうどりしゅう》が躍りでてゆくてを遮った。その一人松平織部正が進みでて言った。

「お差し控えくだされ」

「なにを申す、主殿頭がお見舞いに参ったのじゃ」

「さればこそ、お通しはなりませぬ」

意次は改めて織部正の顔を見た。しごく真剣な表情で、冗談とも思われない。しかし、かかずらっているひまはないので、黙って押し通ろうとすると、織部正が屹《きっ》となって、

「主殿頭どの、これは上意でござりまするぞ」

「上意？……上様が仰せられたか」

「さよう。上意によってお通しはなりませぬ」

一瞬意次の視野が暗くなった。眼前に不意に千斤もの厚い鉄の扉がズシンと落ちてきて、自分と将軍とのあいだを遮断した——と感じた。宝暦十年（一七六〇年）家治が将軍職を襲うにつれ先代に引続き側衆として仕えて以来二十六年間、君臣とはいえ交りは水魚のごとくで、彼を家治から分け隔てるものはなにもなかった。およそ家臣を信頼すると言っても、家治の意次に対するそれはほとんど他に例を見ないほどの徹底ぶりで、そのためやれ将軍を、「譬《たとえ》ば小児同様に御仕立《おんしたて》申」したとか「御政事《ごせいじ》之筋は夢にも御存知不被遊《あそばされ》」ぬようにしたとか、要するに将軍をたぶらか

しコケにしたのが意次だと、それはもう糞味噌にやっつけられてきたのだが、そんな悪口まで流布するほどのこの絶対の愛顧に彼が感謝感激しないはずがない。将軍の鴻恩に報いるためには、それこそ粉骨砕身、身命を抛っても惜しまない気概が、彼の胸中にいまも熱く燃えている。とにかく、家治あっての意次だった。敢然と嵐に立ちむかうていの、彼の強い政治姿勢を可能ならしめたゆえんが、ここにあったことは言うまでもない。

そんな自分が、いま病篤き将軍のそばにさえ寄れないとは……意次は小納戸衆が人垣を作って見守るなかで、しばらく茫然と立ちつくしていた。はるか木立で蟬時雨《しぐれ》が聞え、空気は淀んで熱かったが、彼の額を流れる汗は冷たかった。やがて意次は引返しはじめた。白髪頭をたれ、眼に涙を浮かべ、しきりに洟水《はなみず》を手でぬぐいながら、長廊下に重い足をひきずってゆくが、見送る者もいない。ついに権勢から見放された男の姿は孤影悄然、悲風惨雨に吹きさらされた朽木のようで、丸くすぼめた肩のあたりには、老いと積年の疲労が濃い影を落していた。

このとき、じつは将軍家治はもう死んでいたのだ。しかし、その喪は殿中奥深くに秘められて、将軍はなお生きている。生ける将軍としてかたづけなくてはならない仕事があるからだ。松平定信、一橋治済らを主軸に、かねて意次に不満だった御三家の面々が示しあわせて、将軍の仮面をかむって、彼の政権の息の根を止めようとしていた。かてて加えて、大奥では、意次が推薦した日向、若林らの医者の薬が効かないどころか、かえって将軍の病状を悪化させたということで、すでに意次糾弾の声があがっていた。「大奥の女中、口々に、主殿頭、御上へ毒薬を差上げたりと、数千の女中罵る事夥《おびただ》し」（『翁草』）というありさまだ。ことに家治の側室のお知保の方の周囲がそうだった。

お知保の方から見れば、意次は、さきに将軍世子のわが子家基を毒殺した、八つ裂きにしてもあきたらぬ怨敵なのである。それが、あろうことか上様にまで毒を盛るとは、と思いこんで怒り猛り狂ったものだから、大奥じゅうがたいへんな騒ぎになった。あまりのことに老中水野忠友が大奥の御年寄を呼んで、「御薬違《ちがい》の所は、何《いず》れも千悔 仕《つかまつる》 処なり、毒薬と申立られては、天下の一大事此上なく騒劇《さわぎはげし》の基と成候、穴賢《あなかしこ》之を制止し給へ」（『翁草』）と頼みこんで、どうやら治まったが、この騒ぎは定信らの思う壺だった。打倒意次の運動に、これが火に油を注ぐかたちになりおおいに有効だったことは、「牝雞旦《めんどりあした》する（牝雞うたえば家亡ぶ、の諺がある）の譬に反して、今度の事は、大奥の女中の功甚だ高しと云べし」との『翁草』の著者の賛辞からもわかるだろう。

まさに燎原の火のように四方八方から燃えさかってくる敵の攻勢を、意次はどこでどう防ごうというのか。すでに頼むわが子意知はなく、一橋治済には背をむけられ、そしてついに守護神の将軍家治までが薨《こう》じたとあっては、外堀、内堀を埋められたうえに本丸をかこまれたも同然で、意次の戦力はもうほとんど尽きていたのである。

天明六年八月二十七日、意次は老中職を免ぜられて雁間詰《かりのまづめ》にされた。ときに齢六十八歳。九月七日、将軍家治の薨去が公式に発表された。しかし、じつの薨去は八月二十日だったようで、「故に田沼を黜《しりぞ》くるは、公（家治）の意に非ず、三家及び諸老のする所也」（『徳川十五代史』）と記されている。しかし、ともかくも、家治はもう生存しない。意次は同年閏十月五日、加増の二万石を削り、大坂の蔵屋敷、江戸の役宅を召し上げる旨の宣告を受けた。しかも、役宅召し上げというのが、立退きは翌々日までと日限をきられているあわただしさだ。

「俄《にわか》なることにて、数多き家器持運《もちはこぶ》とて、騒動一方《かた》ならず、器什は車に載せ、夜に入り、蠣殼町の下屋敷へ幾車となく、運行《はこびゆき》しに、其中に宰料として行ける一人あり。此男は田沼氏小身より稍《やや》貴くなる頃に、召抱へたる者なりしが、才幹ありとて、目をかけ気にも入り使はれしより、委任して、此事に用《もちい》ぬ。然るに財宝を山の如く、車に積《つみ》て率《ひき》行く途にて、思廻《めぐ》らすには、此の許多《あまた》の財皆一時権威に由《よっ》て、諸方より賄賂として集りし物なり。今此極《このきわみ》に至る、我も亦譜代の人にあらず。始め其権威を頼て、所得もあらんとて、奉公せしなれば、主人と倶《とも》に零落せんも本意《ほい》なしとて、其家財を奪ひ、中途より遁去《にげ》る。此如《かくのごと》きの時なれば、田沼氏より捜索す可きやうもなく、その儘にてありしとぞ」とある（『甲子夜話』）。

この種のことは、いまも同様で、たとえば倒産しかかった会社から、火事場泥棒同然に、金めのものを盗みだすというようなのは、そこらにいくらも例のあることだ。しかし、こんなのはまだ罪が軽いほうである。船に巣くう勘のよい鼠は、きたるべき沈没を予知して、出港前に陸へ逃げだすという話だが、そんな手合いがいくらもでてきた。いちばんの大鼠が、いまは老中としてときめいている水野忠友で、意次失脚の翌九月には、先に養子に迎えた意次の四男忠徳を、さっそく縁を切って追いかえすという現金さだ。昨日まで意次に阿諛追従たらたらだった連中が、いまはそっぽをむいて知らぬ顔の半兵衛をきめこむのはまだしも、ことさらに彼への悪声を放って保身に躍気になるにいたっては、そこらの傾城《けいせい》にも劣る人心の軽薄さではあった。

しかし、意次の没落はまだまだ決定的ではない。一橋治済が音頭をとり、御三家の徳川治保《はるもり》（水戸）、徳川宗睦《むねちか》（尾張）、徳川治貞《はるさだ》（紀州）がこれに和して、天明六年閏十月十三日、定信は老中に推薦されはしたものの、それがなかなか実現しないのは、田沼派の意外に強い抵抗があったからだ。すでに天明五年、定信が溜間詰になってからまもなくに、伏見奉行の小堀政方《まさみち》が罷免されたのを前駆として、同六年八月以降御側取次稲葉正明、勘定奉行松本秀持ら彼の配下の錚々たるところがつぎつぎと免職処罰されだしたから、田沼陣営はみるみる手薄になっていく。

しかし、なにしろ意次が多年培ってきた欝然たる大派閥である。それがいたる所に根を張って、まさに盤根錯節そのままだから、そう簡単には崩れない。さすがの定信が、その潜勢力にはばまれて、入閣の一歩手前で立往生してしまった。すなわち、田沼側の大老井伊直幸や老中松平康福らがなお幕閣に連なっているうえに、大奥には家斉の乳母あがりが強味で、このごろ急に羽振りをきかしはじめた御年寄の大崎と、その一党で同職の高岳《たかたけ》、滝川らがいる。彼女らは家斉のおともをして千代田城入りをして以来、めきめき羽をのばしてきた新興派閥だから、お知保の方一派の在来の旧勢力とは当然そりがあわない。という以上に、どちらもが主導権欲しさに陰に陽に争って、大奥を修羅場にしている連中である。したがって、意次嫌いのお知保の方が定信ひいきなら、こちらはなにがなんでも意次側について対抗するというぐあいだ。定信の政権掌握が、案外もたついてなかなか埒があかないのは、こんないろんな障害があったからである。

意次がどこまでこんな巻き返し運動に関係していたかはわからない。彼が大奥の大崎にひそかに賄賂をおくって政権への復帰をはかったという流説があるが、もちろん、真偽ははっきりしない。しかし、いずれにしても、もうこのへんであっさり旗を巻いて定信一派に降参し、いっさいの政治生活からの絶縁と引退を声明して、盆栽いじりでもしながら悠々閑日月をたのしむということにでもすれば、はたの見る目もいさぎよいし、後の祟りも少なかったろう。しかし、彼はそうはしなかった。いまなお政権に恋々として、ことに御年寄大崎を動かして、背後から権力への復帰を画策しているというような噂がもっぱらだったから、それが定信ら反意次派を刺激したことはひととおりでなかった。刀折れ矢尽きた状態で、しかもなお勝負を捨てきってはいないのだ。どうも、あらゆる勝負事のなかで政治くらいおもしろいものはなさそうで、いったんその味を覚えると、とことんまでやめられないことは、ちょうど麻薬患者が破滅するまでヤクを断ち切れないのと同断のようである。

天明六年（一七八六年）十一月一日、家斉は第十一代将軍職を継ぎ、翌七年四月十五日将軍宣下の式が行なわれた。そして、田沼派のさしも粘り強い土俵ぎわの踏んばりが、とうとうこらえきれなくなるときがきた。政局転換の最大のきっかけは同七年の世情だった。あいつぐ災害に物価は暴騰し、貧苦のどん底にあえいでいた庶民は、ついに蜂起して米屋を襲撃するなどの暴動が全国いたるところに勃発した。ことに五月二十日夜からはじまった江戸の打ちこわしは激しかった。それは、まるで突風のように、街という街、路という路を、吹き抜けていった。すなわち、赤坂、青山あたりから群がりおこった人々は、つぎつぎと米屋などを打ちこわしはじめ、翌二十一日にはそれが芝から高輪《たかなわ》一帯に波及し、夜になると乱暴者はますます人数を増して、日本橋で荒れ狂い、浅草蔵前《くらまえ》の札差らの家を襲い、大伝馬町《おおてんまちよう》、横山町界隈でも大店ばかりがねらい撃ちされた。

さらに、明けて二十二日には騒ぎは江戸全市にひろがって「此所に三百彼に五百、思ひ思ひに集りて鉦太鼓を打ちならし、実に昼夜の分ちなく、穀物を大道へ引出し切破り奪ひ取、八方へ持退たり」（『後見草』）というありさまで、文字どおり手がつけられず、目もあてられない始末になった。こわされたのが商家ほぼ八千軒、うち米屋が九百八十軒で、惨憺たる被害をもたらした。この三日間の江戸は、それこそ無政府状態で、幕府も茫然自失のていだったが、もちろん、いつまでもそんなことではいられない。もはやいっときの政治の空白も許されなくなった。

大打ちこわしの余塵まだ去りやらぬ六月十九日に、さしも難産をきわめた定信の老中首座、松平内閣が誕生した。こういう情勢になってはもはや、田沼派は猫になぶられる鼠にひとしい。天明六年十一月勘定奉行赤井忠晶《ただあきら》、翌七年五月御側申次本郷泰行《やすゆき》、同役横田準松《のりとし》らが罷免された。意次が天明六年八月老中職罷免、雁間詰を仰せつけられ、つづいて同年閏十月禄高二万石を削り大坂蔵屋敷没収、役宅追放となった次第はさきに書いたが、同時に彼の秘蔵っ子だった勘定奉行の松本秀持も御役御免、禄高二百五十石を削減のうえ小普請入《こぶしんいり》（禄高二百石以上三千石以下の旗本または御家人が職務に過失があって免職され非役となること）を命じられた。

さて、こんなことで意次らの処罰も一段落したかと思うと、そうではなかった。定信の幕閣首班が実現すると、粛正人事はいっそう苛烈さを増した。天明七年九月京都町奉行丸毛《まるも》政良《まさかた》を罷免、ついで京都所司代戸田忠寛《ただひろ》も職を追われた。十月二日、意次に対して峻烈な追罰が課せられた。閉門を仰せつけ、相良の城もろとも所領ことごとくを召し上げる。ただし格別の思召《おぼしめし》により意次の嫡孫竜助に一万石を賜う、というのだったが、それが越後および陸奥の、実収四、五千石に過ぎない痩地だった。かたわら幕閣では、居坐った閣僚たちがゆさぶられていた。呉越同舟が長くつづくわけがなく、大老井伊直幸《なおひで》、老中阿部正倫《まさとも》、松平康福、それにオポチュニストで要領居士の水野忠友までが櫛の歯を引くように前後して幕閣を去っていった。

かわって幕政の新執行部を形成したのが、かねて定信派閥の譜代層だったことはいうまでもあるまい。すなわち、老中には松平信明、本多忠籌、松平乗完《のりさだ》、戸田氏教、太田資愛《すけよし》らが、また若年寄には加納久周、青山幸道《よしみち》、京極高久《たかひさ》、堀田正敦《まさあつ》らが、つぎつぎと任命された。このように新陣容を固めるかたわら、定信政権はなおも意次の残党を洗いざらい摘発処罰し、風紀を取り締り、彼の経済、外交、文化政策のほとんどことごとくを潰し、秋霜烈日のきびしさで、ひたすら「寛政の改革」にむかっていった。それは田沼政治の完全な否認であり、徹底的な反動だった。定信の意次に対する憎悪の深刻さは、相良城をたんに没収したにとどめないで、根こそぎ破壊したことからも察せられる。わずかに家名の維持と所領一万石を許したというのも、けっして定信の温情からでたことではなかった。意次の家斉擁立の功を思えば、さすがに寝覚めの悪い一橋治済が、彼のためにせいぜい取りなした結果だったのである。

意次の失脚を世間は拍手喝采してよろこんだ。落首、落書からちょぼくれの類が巷間を賑わせたことは、意知の死のさいにおとらないほどだった。

水は出る油はきれる其中に
　何とて米は高くなるらん
方々《かたがた》よろこべ

田沼が役は上ったはやい

（ちょぼくれちょんがれ）

そもそもわっちが在所は、遠州相良の城にて、七つ星から、軽薄ばかりで、御側へつん出て、御用をきくやら、老中に成るやら、夫《それ》から聞ねへ、大名役人役替《やくがえ》させやす、なんのかのとて、いろいろ名を付け、むしやう（無性）に家中の物（者）まで、ぶげん（分限）になりやす……む性に上納、御益《おえき》の御為《おため》の、なんのかのとて、さまざま名をつけ、おごって見たれば、天の憎み、今こそあらはれ、てんてこ舞やす……御役ははなれて……是迄いろいろだまし取ったる五万七千、名ばかり名ばかり、七十づらにて、こんなつまらぬ事こそ有まい。ほんにことしは、天時《てんじ》つきたる、かなしいこんだに、ほういほうい。

このように、意次に対して人心は冷酷むざんで、さながら死屍に鞭うつごとくだった半面、定信の登場を歓呼して迎えた。老中首座についた彼は、なにせまだ三十歳の若さである。江戸幕府歴代の老中ちゅう、たぶん最年少の部類に属するだろう。高貴の生れに、容姿端正、挙措厳粛、燃えるような情熱を傾けて政道の刷新に乗りだしたさまは、いかにもすがすがしくたのもしい。民衆は定信に、久しく待望された理想的政治家の姿を見、「世直し大明神」と称してあがめたっとんだ。

文武両道左衛門源《みなもと》の世直《よなおし》
年はわかし、末頼もしくおもふのは、
松平越中守
諸事松平越中、上からも用ひ、
下からも用ふ、是から変《かわり》のないやうに

意次は蠣殻町の下屋敷に蟄居して、ひっそりと日々をおくっていた。たずねてくる客がないから、話すことも少ない。背はますます丸く、白髪はふえるというより薄くなり、足に力がなく、身のこなしもものうげで、閉門以来衰弱がひとしお目だった。かつて殿中を、颯爽と、肩で風を切って歩いた権力者が、このしぼんだような小さな老人と同一人だとは、とても思えなかった。彼は、自分が精魂こめた政策が、善となく悪となく片っぱしから廃棄されていくのを見て、さすがに暗然とした。天明六年八月には発令後まもない貸金会所の令が廃され、吉野山の採鉱を停止し、印旛沼の開墾が打ち切られた。七年七月には両替商の役金を免じ、十一月には人参座を廃止、十二月には市内火除《ひよけ》地の建築を禁止し、さらに八年一月には広東人参の売買の禁止を解き、五月には二朱判の鋳造をやめた。いや、まだまだ、意次のこの種の政治的遺産の破棄はつづくのだが、それはもう彼の死後のことになる。

天明八年正月、意次はかつての所領の相良城が、いよいよ取り壊されることを知った。空青く砂白く、あざやかな松のみどりが浜辺を縫うあたりに、巍然と空を衝いて立つ白亜の天守閣のたたずまいが、意次の目に浮ぶのであるが、それがいま地響きをたて土煙をあげてみるみる瓦解してゆく。明和四年、将軍の恩命によって築いた城が、これまた命によって粉微塵になるとは、なんという世の転変だろうか。なにもかもが終ったのだ。意次という男はまだ生きて息づいてはいるものの、いわゆる「田沼時代」はもう過ぎ去って、彼はその時代からはみだし置き去りにされた一個の老体でしかない。

将軍家治の死から二年目の夏がめぐってきた。今年もあの年のように暑かった。じっとしてさえ汗が吹きでるような熱気のうえに、このごろ、身体じゅうがどうしようもなくけだるく、ふいに胸を突くような苦しさが襲ったりして、彼は床に寝たきりになっていた。寝ながら、いろんなきらびやかな幻を見た。あの権勢、あの栄耀は、いったい夢だったのか現《うつつ》だったのか。いずれにしても、いまは空空寂寂、ただ彼の顔にかかる死の息吹きだけがたしかだった。七月二十四日、彼は死んだ。享年七十歳、法名耆山良英隆興院、江戸駒込の勝林寺に葬られた。こうして、「田沼時代」の幕切れを追って、その主役もまた彼岸に姿を消したのである。

やみの夜に光りかがやく七つ星
　夜明けてみれば跡かたもなし

「其没落の様子は如何にも平家の末路に似て居る処がある。意次の人格の如きも何処か清盛に似た処があるやうに思はれる」とは辻善之助氏の感慨だが（『田沼時代』）、たしかに彼の人世は華麗であり、その終末は悲惨だった。世間の誰もが、いやたぶんその与党ですらが、真に彼を理解してはいなかった意味からは、彼は世に容れられない予言者でもあったろう。意次を唾棄し、定信の登場に狂喜乱舞した民衆は、しかし、やがてその治世のかた苦しさ、うっとうしさ、「足の裏までかきさがす」ようなせせこましさに閉口して、こんなふうにボヤいたものだ。

世の中にかほどうるさきものはなし
　ぶんぶぶんぶとよるもねられず
白河の清きに魚もすみかねて
　元のにごりの田沼こひしき
ゆがんだら杓子はものをすくふなり
　すぐな連木（すりこぎ）の下をつぶする

定信政権ができて以来、世間は目に見えて不景気になり、年貢運上の取立てが前よりきびしくなったことは予想外だった。おまけに、事こまかに華美と奢侈を禁じ、売女や芸者を取締り、政治批判や艶本を弾圧し、四方に隠密を放って監視するというふうだったから、人々は息苦しくてたまらない。かえって前の田沼時代が恋しくなるような次第で、人心はまったく離反した。きれいなハンケチでは政治というゾウキン仕事はできにくかったわけだ。寛政五年（一七九三年）七月、定信は突然老中職を解任された。

それみたか余り倹約なす故に
　おもひがけなき不時の退役

定信が政権の座にあることわずかに六年、意次が御側御用人就任以来の田沼時代十六年に比べるとだいぶ短い。政治家の偉大さをはかる目印《メルクマール》に、政権維持期間の長さを用いる政治学者があるが、とするなら、そんな点でも、意次は定信より一頭地を抜いていたと言えようか。

さて、終りに本書の冒頭にかえって、ホール教授が意次を「近代日本の先駆者」と呼ぶのはどんな意味だろう。彼はいう、

「……田沼は徳川時代にはもっとも稀れなある種のものを、その将軍の治世にもたらした。彼が養った自由な空気、鼓吹した探求心と進取の気性は、あまりにも過去の影の色濃い時代にとって貴重な贈物だった。彼の名を冠する時代にこそ、日本の近代世界に対するおどろくべき適応を可能ならしめた、いろいろな動きの源が見出される」("Tanuma Okitsugu") と。

たしかに田沼時代は徳川封建制のなかに狂い咲いた一輪の徒花《あだばな》で、教授のいう自由主義はもちろん、開国主義、北辺開拓政策から財政経済のメカニズムにわたって、いろんな近代色が目につく。しかし、近代の色濃いその花が実を結ぶには、封建的風土が、まだ耕されないままに、あまりにも固かった。先駆者の行手にはつねに悲劇が待っているというのだが、意次もまたやはりその運命をまぬがれられなかったのである。

ところで近代色と言えば、もっと卑近なところで、意次と現代政治家たちのやり口が、奇妙に類似しているのがおもしろい。意次は派閥をつくって政権を握り維持した。その派閥の力を動員して、定信ら反意次の党派とも対抗した。ここには、なにやら派閥または政党政治の雛型らしいものが見られそうだ。

彼はまた、いうところの政経結合で、特権的豪商と結んで、賄賂というか、献金というか、と

にかく巨額の金を受取って自派の台所を賄った。そのため「賄賂の問屋」式の汚名を着せられているわけだが、しかし「政治をするものは悪魔と手を結ばなければならぬ」（マックス・ウェーバー）という以上、それから現にそこらの「センセイ」がたや政党が堂々とやっていることである以上、意次のこの〝近代性〟をそういちがいに非難もできまい。

彼はさらに、平賀源内ら在野のブレーンらしいものを養って、政治的知嚢を肥やしもしている。おまけに、幕政にたずさわる役人どもの贈収賄ざたのおびただしさまでが、いまとそっくりそのままだから、そこに現代政治のいろんな胚芽が見えるといえば、それは筆者の僻目《ひがめ》になるのか。いったい、歴史はこんなふうに繰りかえすということなのか。

城むなし

私は一昨年の初夏、静岡県相良町へ行ってみた。御前崎の灯台に近い小さな半農半漁の町である。山のかなたに、わずかに白雲が流れている晴れた日だった。空と海とがたがいに青さを映しあうようで、天は水のごとく、水は天のごとく、はるか水平線のあたりは蒼茫とかすんでいた。沖に漁船が数隻浮んでいるかたわら、田には灌漑用の風車がゆっくりまわっているというふうに、しごく静かで平和で牧歌的な風景がたのしかった。

町役場で『編年相良町史』という本をもらったが、それによると、城の破壊作業開始は天明八年（一七八八年）正月十六日、開城使岡部美濃守長備《ながまさ》の指図で、「人足三百人にて始め二月六日まで に取毀済《とりこわしずみ》、都合人足一万五千人程」だったが、「天守閣（本丸）は普通残すものであるが、〝背負ったか相良の陣太鼓〟の掛声で潰してしまった。『日本外史』によると〝漁師を集め引綱数十条、天守閣にかけて堀に引落した〟」とある。

なるほど城趾といっても、それを伝える碑のほかは、ただの平地で学校や役所があるばかりで、顧望低徊して往事をしのぶよすがもなかった。ただわずかに跡を残しているのが、小川にそった、ほぼ三十七間の俗称仙台河岸の石垣だけだった。伊達重村の寄進だという。彼もまた、意次に種種手をまわして昇進を望んだ一人だが、いっさいがほろんだのちに、その願望だけがここに化石して残っているわけだ。そのあたりでは子供たちが歓声をあげながら無心に遊びたわむれており、堤には野バラが白く咲いていた。

相良城趾碑と著者

愁ひつつ岡にのぼれば花茨（蕪村）

あとがき

本書は一九六八年の『中央公論』十二月号掲載の「田沼意次」に加筆し増幅したものです。それを、「悪名の論理」とは、やや奇をてらっているように見えるかもしれません。しかし、あえてこんな題名をえらんだについては、理由がなくもないのです。

悪名は田沼意次にダニのようにくっついて離れません。どんな資料を見ても、大体そんなふうに書いてあります。調べているうちに、なぜこうまで意次の評判が悪いかが、私にはだんだんふしぎになり、彼が気の毒にさえなってきました。

そして、人間いったいどうすれば世間に悪く言われ、ひいて歴史上の悪者・悪党にされるかを考えさせられました。なんだか古今東西を通ずる理由がありそうです。そのごくおおざっぱなところを書いて追加したのが序章です。悪名に関する史実やロジックの展開の不十分なことはもちろんですが、しかし、このテーマを追求することが本書の目的ではありません。主体はあくまで田沼意次そのひとながら、一般的な悪名の諸条件のなかで、彼を見てみようというわけです。

本書がでるまでには、思わぬかたがたの御教示や御好意にあずかりました。

東京地裁判事播本格一、相良町の史家後藤一朗、福岡県八女高校教諭松崎英一、相模女子大国文研究室の片田詳子、それに中央公論社の粕谷一希、春名徹、中公新書編集部の諸氏各位に心からお礼を申しあげます。

江上照彦

相州鵠沼にて

田沼意次関係年表

西暦	年号	年齢	日本の動き	世界の動き
一七〇九	宝永六		**将軍　家宣** 綱吉没。新井白石登用。	カール十二世、ロシアに大敗。
一二	正徳二		勘定奉行荻原重秀罷免。	
一三	三		**将軍　家継**	ユトレヒト条約成る。
一四	四		正徳金銀発行。	
一六	享保元		**将軍　吉宗**	「康熙字典」完成。
一九	四	1	田沼意次生る。	「ロビンソン・クルーソー」刊行。
二四	九	6	大岡忠光西丸御小姓となる。	
二八	一三	10	幕府、下総手賀沼開墾に着手。	(二六)「ガリヴァー旅行記」刊行。
二九	一四	11	平賀源内生る。	
三四	一九	16	田沼意行死す。	(四〇〜四八) オーストリア継承戦争。
四五	延享二	27	**将軍　家重**	
四七	四	29	意次御小姓組番頭格。松平武元老中となる。	
四九	寛延二	31	意次御小姓組番頭。細川重賢の改革はじまる。	(五〇) フランクリン、避雷針発明。
五一	宝暦元	33	吉宗死す。意次側衆となる。	フランス「百科全書」刊行。
五六	六	38	大岡忠光御側御用人となる。	七年戦争はじまる。
五八	八	40	意次禄高一万石を領す。	(五七) プラッシーの戦い。
五九	九	41	油専売制をしく。	
六〇	一〇	42	**将軍　家治**	
六一	一一	43	家重死す。	
六三	一三	45	銅山採掘発令。広東人参の売買を禁ず。江戸神田に人参座を設ける。	パリ条約。

六四	明和元	46	幕府、倹約令をだす。輸出用俵物奨励を令す。佐竹氏領銅山を幕府直営とする。	
六五	二	47	幕府、新貨鋳造を令す。	ワット、蒸気機関を改良。
六六	三	48	幕府、大坂に銅座をおく。	
六七	四	49	意次、御側御用人となり遠州相良に築城。上杉治憲の改革はじまる。明礬会所制励行を命ず。	エカテリナ二世新法編纂委員会を設く。
六八	五	50	幕府、真鍮銭通用を令す。	アークライト、水力紡績機械発明。
六九	六	51	意次老中格となる。	
七一	八	53	杉田玄白、前野良沢、四人の腑分けを見る。ハンベンゴロ、ロシアの野心を警告。	このころよりイギリス産業革命はじまる。
七二	安永元	54	江戸大火。南鐐二朱判新鋳を令す。意次老中就任。	第一回ポーランド分割。
七三	二	55	江戸に悪疫流行。	清、「四庫全書」着手。
七四	三	56	杉田玄白ら「解体新書」刊行。	ゲーテの「ウエルテル」成る。
七五	四	57	徳川治貞宗家をつぎ改革開始。関東綿実仲買所を設く。	アメリカ独立戦争はじまる。
七六	五	58	関西にて灯油の私売買禁止発令。	アメリカ独立宣言。アダム・スミス「国富論」刊行。
七七	六	59	幕府、朱座制励行を命ず。ロシア人エトロフにきたる。	
七八	七	60	ロシア船蝦夷地にきて通商をもとめる。	ルソー死す。
七九	八	61	松平武元死す。桜島大噴火。平賀源内死す。	キャプテン・クック死す。
八〇	九	62	鉄座・真鍮座を新設。	
八一	天明元	63	上武両州絹糸改役所に反対して一揆おこる。	アメリカ独立戦争おわる。カント「純粋理性批判」成る。
八二	二	64	幕府、印旛沼開発着手。	
八三	三	65	「赤蝦夷風説考」成る。浅間山大爆発。田沼意知若	パリ講和。小ピット宰相となる。

			年寄になる。大飢饉はじまる。	
八四	天明四	66	意知殺され、佐野政言切腹。江戸両替商六四三株とす。蝦夷地開拓に着手。奥羽地方飢饉。	
八五	五	67	松平定信溜間詰となる。旗本藤枝外記遊女と心中。幕府、千島カラフト探険隊を派遣す。	
八六	六	68	関東大洪水。家治危篤、九月七日薨去を発表。意次、老中を罷免。	
八七	七	69	**将軍　家斉** 大坂、江戸の大うちこわし。松平定信老中就任。意次の相良城召上げのうえとりこわし。	
八八	八	70	意次死す。	アメリカ合衆国憲法制定。

江上照彦

1910年福岡県生まれ。34年東京大学経済学部卒業。相模女子大学名誉教授。著書に『会議は踊る』『河合栄治郎教授』『風見鶏の歌』など。90年没。

悪名《あくめい》の論理《ろんり》
——田沼意次《たぬまおきつぐ》の生涯《しょうがい》

2025年4月25日　初版発行

著　者　江《え》上《がみ》照《てる》彦《ひこ》
発行者　安部順一
発行所　中央公論新社
〒100-8152　東京都千代田区大手町1-7-1
電話　販売 03-5299-1730　編集 03-5299-1740
URL https://www.chuko.co.jp/

印　刷　三晃印刷
製　本　大口製本印刷

Published by CHUOKORON-SHINSHA, INC.
Printed in Japan　ISBN978-4-12-005912-4 C0021